新版

都市空間の怪異

角川文庫
24008

目次

第一章　妖怪と人間との交流

一　妖怪の音声

1　呼びかけの音声

「化け物の話を一つ、出来るだけきまじめに又存分にして見たい。けだし我々の文化閲歴のうちで、これが近年最も閑却せられたる部面であり、又従つて或民族が新らたに自己反省を企つる場合に、特に意外なる多くの暗示を供与する資源でもあるからである」と柳田國男は「妖怪談義」（昭和十三年）の冒頭に記している。妖怪《ようかい》は怪異とか不思議、恐怖の対象であり、とりわけ神霊が他界と人間との交感の媒介機能を果たす重要な文化要素であり、一般にアニミズムの世界に属する現象として、民俗文化の中に位置づけられてきた。柳田が指摘したように、妖怪はきわめて今日的社会現象であり、かつ歴史的背景を背負って、日本文化の一翼を担っている点はいうまでもない。

ここでは、妖怪の出現が現代のフォークロアとして表出している背景に、何らかのメッセージを読みとるとすれば、どのような手段が必要なのかという点を、妖怪の発する「音声」を通して、考察を試みたい。

このことについては、すでに柳田による「おばけの声」という論文がある（「妖怪談義」『定本柳田國男集』4　筑摩書房、『新訂　妖怪談義』角川ソフィア文庫）。「ばけ物は何と鳴くか」というテーマを各地の資料で比較すると、「オーバーケー」と唸《うな》るように発音するのは新しく、それ以前は牛のように「モー」という地域と、「ガンゴ」というようなガ行の物凄《すご》い音を発する地域と、「モー」と「ガンゴ」とが結合した地域と三通りがあったという。柳田の卓抜した見解は、最初化け物は「かもう」と名乗って出現したのに対し、人間が次第に妖怪を恐れなくなったため化け物の方が「取って喰《く》おう」という態度になり、ガ行の物凄い音が介在することになったというのである。

ちょうど犬がワンワンといったように、化け物はモウと唸った。これは口を大きく開けて、中世の口語体による「咬《か》もうぞ」という表現をとりながら出現してくる状態が基本的にある。さらにその声をより怖ろしいものにしたのが、g音に表現されるという。咬もうというのはいわば恫喝《どうかつ》の表現であり、柳田説では「彼等はただ自分の威力を畏れ又崇めなかつた者をのみ罰せんとして居たのである（中略）。取つて咬もうと怒鳴りつつその実は咬まなかつた。神秘に参加せざる未成年のみがそれを知らぬ故大いに慄《ふる》えたのである」（「妖怪談義」）という。そこには神霊と人間の交感の微妙な変化を看取しているのであり、妖怪出現の基本型が提示されているといってよい。

ところで御神楽《おかぐら》や特殊神事の際、神霊が出現することを想定させる音声は、警蹕《けいひつ》の声である。「オーオー」と腹の底から絞り出すような神職たちの声は、あたかも神人一体化して、人声をかりた神の声を思わしめている。

警蹕を分析した木戸敏郎によると、警蹕は一種の記号であり、「邪魔となるものを払い除く声」である。それは貴人の先払いの声、御神体が渡御するに際し、辺りを祓《はら》い禊《きよ》める機能を示している。無声音の「シーッ」と有声音の「オー」の二通りがあって、神道の場合は後者になる。有名な春日大社の若宮祭の伝承では、宮司が御神体を奉持して「オー」とソロで警蹕を発すると、つづけて他の神官たちが、口々に「オー」をくり返し、御神体を運んでいく。各人各様の発声は異なっており、無秩序な声の集合体となって全体は「トーンクラスター〔音塊〕状となる」（「時間が存在しなかった頃の音」『季刊自然と文化』11）と説明されている。

こうした分析を前提としながら妖怪出現にあたっての音声について考えると、そこには、かなりのバリエーションがあり、先の「咬もうぞ」以外にも数多く報告されている。それらを以下いく通りかに分類してみよう（以下の妖怪の資料はとくに断りのない場合は、千葉幹夫編「県別妖怪案内」〈『別冊太陽　日本の妖怪』平凡社〉によっている）。

一つは、呼びかけである。この場合、(a)言語不明晰な呼びかけと、(b)言語明晰な呼びかけとがあり、(b)については次の「怪音のメッセージ性」で述べる。

(a)の場合、たとえば島根県隠岐《おき》島のセコは、イタチのように身が軽く、こちらで「ヨイヨイ」と鳴き、あちらで「ヨイヨイ」と鳴くというが、そのほかにも「ショウショウ」とも、「ヨイ」あるいは「ホイ」の呼び声をも立てる。この「ヨイ」または「ホイ」は一声呼ばりであって、その時は気をつけなければならない。このセコはしばしば、木を切る音や石を割る音、岩を転がす音をさせるともいう。

宮崎県でやはり、セコとよぶ妖怪。これは狩の勢子《せこ》のように「ホーイホイ」と呼ぶためで、セココまたはカリボコともよぶ。セコをそしったりすると、木を倒し岩をこわし、山小屋をゆするという。

もう一つは怪音型である。熊本県でセコというのは、「ヒョウヒョウ」あるいは「キチキチ」と鳴くという。じいさんのような声または子供の声をあげる。杣人《そまびと》はその声でセコの機嫌を察知する。やはり木を倒し竹を折り石を割るような音をさせているが、その場所へ行っても誰もいないという。

このセコは山中の怪音として知られる現象であり、別に天狗倒《てんぐ》しや天狗囃子《ばやし》、天狗笑いなどの名称があり、よく知られている。関英馬の『おなばけ・はなぞの・いりしけん――茨城地方の民間伝承考』(牧野出版)には、「天狗倒しは山小屋で夜をあかす時などに出っくわすものであるが、その晩は何かしら予感がする。何と言ったらよいか、変にぞくぞくする淋しい感じである。間もなく暗闇の中から『カッカッ』とひずめの音がして、何者か山小屋の側を通り過ぎて行く。外をのぞいて見てもその姿を認める事は出来ない。こうする中に『サーッ』と一陣の風が襲って来て、『ガーン』と木を倒す物凄い音があたりをゆるがす。これにはまったく生きた心地もなくなるが、翌朝になって恐る恐る昨夜の現場へ行って見ると、そこには何の変化もなく、枝一本折れた跡も認める事は出来ない」とある。天狗囃子は「トントントン、ドンドンドンドン」であるが、いわゆる村の鎮守の祭りの太鼓の音とは区別されており、「ああ今、天狗様が太鼓を鳴らしていらっしゃる」と村人は理解したという。

広島県のバタバタは、その音色が名称となった妖怪であり、屋根の上、村はずれ、庭先などで「バタバタ」と畳をたたくような音をたてるという。とくに冬の庭に出現し、音の方に近づいても、常に七、八間隔てた場所で音が起こっており、そばまで行くことはできないという。

この「バタバタ」のように、怪音そのものが妖怪の正体となっている事例はかなりある。高知県で、「ジャン」という怪音は、海上で聞こえる音の妖怪であり、この音が出現すると漁が全くなくなるという。

長崎県西彼杵《そのぎ》郡江の島で、五月頃、靄《もや》の深い海で漁をしていると、突如岩が崩れるような怪音がした。そこへ行っても何も見えない。これを「イシナゲンジョ」とよぶ。

長野県のヤカンマクリという妖怪は、夜になると「ガランガラン」というちょうどやかんを転がすような音がするという。その場へ行っても何もないのが共通している。

奈良県でジャンビジャンビとよぶのは、飛ぶときに「ジャンビジャンビ」という怪音を発する火の妖怪だという。二つの火の玉が飛んでもつれ合う状態となり、この時頭を上げて、この火を見てはいけない、うっかり見てしまうと二つの火が会えなくなり、祟《たた》りが発現してくるからだといわれている。

またオシロイバアサンという妖怪は、奈良県十津川流域に伝承しているもので、鏡を「ジャラジャラ」と引きずりながら出現してくるといわれている。

このように「ジャラジャラ」は鏡を引きずる音だという合理的解釈がついた事例はかなり多くある。よく知られるアズキトギは、水辺で小豆《あずき》をとぐような怪音であり、全国的に聞かれている。水辺でガマの妖怪が出現する音だと秋田県雄勝郡あたりではいっている。長野県南佐久郡では、アズキトギの怪音とともに、七、八歳の童《わらべ》が出現してくる。夕暮れどきでその子のつけひもが解けているので、結んでやろうとすると、姿が見えなくなる。さらに追いかけているうちに一晩中歩かされてしまうという。またアズキトギの後に生垣をひどくゆする音があり、これをクネ（生垣）ユスリとよんでいる。

「小豆洗い」については、やはり砂撒《ま》き狸《たぬき》との類似性が指摘されている。実際に狸が水際で転がり、人間の姿を見かけてあわてて樹上にかけのぼると、木の上からパラパラ砂が降ってくる。佐渡にその類の伝承があり、動物学的にも、水辺に棲《す》む野獣が、忙《せわ》しく砂をかきまわす習性があったといわれている。そうしたことから、小豆洗いの怪音の原因に結びつける説もあるが、一方、小豆は家の天井にパラパラ落ちるという怪もあって、その原因だけでとらえにくいこともたしかである。

栃木県の益子町付近では、夜中に遠方で餅を搗《つ》く音が聞こえるという。この怪音を聞いた人は幸運に恵まれるが、一方、その音が遠のくのを聞くと、家運が衰えるという。高知県幡《は》多《た》郡でテギノカエシ（手杵返し）といっているのは、杵の形をした錫杖《しゃくじょう》をつく音をさせた妖怪のことで、錫杖の音がするたびにとんぼ返りをして歩くといい、夜の川原に出現するという。

この音と似る秋田県の隠れ座頭は、夜中に踏み唐臼《からうす》をつくような音をたてて現れてくるという。

ホラ貝を吹くような声を出すのがカイフキボウ（貝吹坊）で、岡山県和気郡で聞かれている。広島県のナマズギツネという妖怪は、年老いたナマズで「ガボガボ」という音をたてるものであり、小川のほとりを歩いていると聞こえてくるという。

『桃山人夜話』小豆洗い（多田克己氏蔵）

「オーギソヨソヨ、ドンドンドン、オーギソヨソヨ、ドンドンドン、キックリ、モックリ、キンザラカイノ、ユッスリ、モックリ、ワイワイ、ワイワイワイ」という、およそ意味不明の騒音をたてながら出現する妖怪がいた。形は大きく黒い形ではっきりしていない。それがある一軒家に入り、土間にある釜の中に入り、蓋《ふた》を閉めて、寝てしまった。それを知った人々は、かまどに火をつけたので、妖怪は焼け死んでしまった。本体は大きな蜘蛛《くも》だったという(古河市史編さん委員会民俗部会編「古河の昔話と伝説」『古河市史資料』第六巻　古河市教育委員会)。

狸囃子とか、狸の腹つづみについては、次のような聞き書きもある。狸の腹つづみは、比較的人家の密集した町場あたりに聞こえるものであり、秋から冬にかけて、月のよく冴え渡った夜の十二時から二時にかけての時間帯である。昔の出所は不明で、東かと思えば西にひびき、北かと思えば南に聞こえて、やがて消えていく。東京で番町の太鼓とよばれるのは、これと同様であり、夜中十二時頃、ひびいてくるといわれている。

狸だけでなく兎も鼓をうつ話が『譚海《たんかい》』巻八にある。江戸時代、伊豆国の河津領の新左ヱ門村に三社明神があり、そこにかつての領主の河津氏が祭神に祀《まつ》られている。社地は兎が多く棲んでいる山間部にある。「其地の土人ある年三社へ参詣して、帰路に山中を過けるに、何やらん物の音きこゆ、挟箱をになひ行、鈨《ママ》の箱にあたりて鳴音の如し、ふしぎにおもひて、其音のする所をうかがひたるに、兎数十疋つらなり団居して、皆々立ちあがり両手におのが腹をうつ音なり　一度にそろひてうつ故、此音高く聞ゆるなり」と記されている。狸に限らず獣が一般に腹つづみをうつと理解されていたのであろう。

狐囃子もまた記録されている。四谷内藤新宿の空屋敷で屋敷守りをしていた五郎蔵なる者が、二月初午《はつうま》の日に、夜中「糸竹呂律の拍子を揃え、さも面白くはやしたて、舞い遊ぶ手拍子、足拍子の聞えければ、近所の者どもが、どちらえか初午のはやしに行きたるが立ち寄りし事と思いつつ、門の戸あけて入り見るに、その音はすれども、姿は見えず、こなたかと思えば、先きの方に聞え、先きかと行けば後になりて、聞き留め難たし」（『享和雑記』）。こうした中で、狸の太めの腹はその形状ゆえに、腹つづみとして多用されたと想像されるのである。

しかし兎の腹つづみの資料は他に聞かれてはおらず、結果的には怪音のほとんどは狸に収斂《しゅうれん》する形のフォークロアになっている。

天狗囃子や狸囃子については、深夜どこからともなくひびいてくる怪音のうち、主に笛や太鼓をさし、前者は山中から、後者は人家密集の町場からといった区別がある。明治・大正時代まで、この怪音を聞いて不思議がる状況があった。柳田國男の文章に、「私の住む牛込の高台にも、やはり頻々《ひんぴん》と深夜の囃子の音があると申しました。東京のはテケテンといふ太鼓だけですが、加賀の金沢では笛が入ると、泉鏡花君は申されました。遠州の秋葉街道で聴きましたのは、この天狗の御膝元に居ながら之を狸の神楽と称し現に狸の演奏して居るのを見たとさへ謂ふ人がありました。近世謂ひ始めたこと、思ひますが狸は最も物真似に長ずと信じられ、独り古風な腹鼓に非ず、汽車が開通すれば汽車の音、小学校の出来た当座は、学校の騒ぎ、酒屋が建てば杜氏《とうじ》の歌の声などを、真夜中に再現させて我々の耳を驚かして居ます」と記されている(「山の人生」『定本柳田國男集』5、『山の人生』角川ソフィア文庫)。そしてこれを狸の仕業とする共通理解が一致していたことも明らかである。

明治三十三年(一九〇〇)一月中旬、東京の本郷根津の林勝次郎という家の床下から、聞きなれぬ太鼓の音がひびき出した。はじめは低音でかすかな音であったが、次第に高くなり、騒々しくなった。人々はこれが世にいう狸囃子だと噂《うわさ》して、一家の者も不気味な思いで警察に届け出たという。巡査一名が出張してきて、床下に耳をあてると、たしかに狸囃子のようだというので、床板をはがしてみたが、音は今度は床下ではなく、別の場所から響いてくるという。以来、毎夜定まった時刻になるとかならず怪音が聞こえており、不思議な話となっている(『妖怪学雑誌』)。

妖怪の一方にたてる音が、特定の女性に憑依《ひょうい》すると説明される現象があった。本来怪音は、時間と空間に制約された音の組み合わせであり、いわゆる残響を伴う故に、その音質にはいろいろと解釈が生まれる。しかし特定の若い女性に伴うという怪音は、明らかにシャマニスティックな意味を含めているように思われる。

明治三十四年に茨城県水戸市で、怪音を発する不思議な女中の話が記録されている。この女中は十日ほど前より、奉公先で食事をするとき、食物のにおいをかぎながら台所の片隅でこそこそと食べている。この女中に子守りをさせていると、子供がかえってはげしく泣き出してしまう。ある日のこと、女中が裏手に出たあと、口笛のような音が聞こえてきた。その音は耳許《もと》近くなったり、天井や縁の下になったり、どこから聞こえるのか分からない。そのうち怪音はますます高くなった。不思議なことに、女中が移動すると、音声の方角も移動するので、その音は女の身体に取りついているのではないかと人々は疑い出した。たしかに女の懐中がうごめいていたり、袂《たもと》の中から毛が出てきたりした。そこで女を風呂《ふろ》に入れさせた。すると脱いだ着物の下の方から音がひびいてくるという。結局家人が女中の後ろで空砲を打つと、彼女は気絶してしまい、やがて意識が戻って正気に返ったという。彼女の話では、この四、五日間ぼーっとしており、耳に音声が一切入ってこなかったというのである。すなわち、この女性は、ある特定の音声によって一定の時間、支配されていたことになるのだろう。

赤子の泣き声をたてて出現する妖怪ウグメもよく知られている。愛媛県宇和地方のノッゴも同様で、「ギャッ」という叫び声をたてたり、赤子の声に似た奇声を発する。それが夜道などで聞こえてくると、足がもつれてしまい歩けなくなる。そんな時は、ぞうりを投げてやり、これがお前の親だよといってやる。するとノッゴはぞうりの乳にくいついて出てくるという。

徳島県祖谷《いや》地方では、これをオギャアナキという。泣き声はすれど姿はない。コナキジジ（小泣き爺）というのは赤子の声を出す爺さんの妖怪で、「ゴギャゴギャ」といいながら、山中をうろつく一本足であり、この声が聞こえるとやがて大地震があるという。

隠岐島の怪鳥はオウエドリといって、赤子のような声を出すというが、その姿は誰も見たことがないという。

東京都三宅島にはオゴメがおり、それは樹上から笑い声のような音を伝えてくるといわれている。高笑いであり、かならずしも赤子の声でもない。これをオゴメ笑いと称している。民俗学的に赤子の泣き声というと、赤子塚をはじめ夜啼石《よなきいし》、夜泣松の伝説が対応している。

静岡県の佐夜中山で著名な夜啼石は、そこが境界の地にあたっており、殺された母と赤子のうち、赤子の方が境の神によって、ふたたび再生され得る信仰という存在を跡づけている伝説である（「夜啼石の話」『定本柳田國男集』5）。夜になると赤子の声が聞こえてくるのは、境の標示となる石や松あるいは子安地蔵、道祖神などが祀られている場所であり、橋のたもとや四辻、村境でもあった。赤子の霊が他界に赴かず、境界の聖域にとどまる故に、そこに滞留している霊の叫び声という潜在意識が認められている。

「妙行寺の住職は、檀家に不幸があると、かならず山門を入ってくる足音を聞くそうである。女の場合は二回、男の場合は一回鐘をつく音がしたという」（関英馬『おなばけ・はなぞの・いりしけん―茨城地方の民間伝承考』）。この伝承は死霊の足音について触れたもので類型的ではあるが、本所七不思議の一つに数えられていた幽霊橋などは、やはり死霊の足音によって命名された名称であった。すなわち『陰陽外伝磐戸開』によると、この橋は昔橋上で座頭が殺害されたことがあったので後に座頭の死霊が橋上を往来するといい、「其ノ幽霊深更ニ此ノ橋ヲ彼方ニ渡リ、是方ニ渡ル由也、併シ誰アツテ其ノ姿ヲ見タル者ナシト雖モ、只ガタ〳〵ト下駄《げた》ノ音ヲ為セリ」とある。この場合、死霊の足音は、下駄の音で表現されている。

死霊が集まってくる霊山や寺院の周辺、そして橋にまつわる話の中に、こうした死霊の足音についてのフォークロアがある。飛驒の小坂の一軒家の前には小さな板橋が架かっている。この板橋を渡り坂をのぼり、一つ峠を越すと隣村につづき、さらにその道は越中立山につながっているという。ある夜、「カラカラコトコト」と激しい雑音が板橋からひびいてきた。家人がこの夜更けに何者かと外へ出てみるが、人影はなかった。翌晩も同様に、大勢の者が話し声をたてながら通る足音を聞くが、やはり姿はなかった。この橋は「ガタガタ橋」とよばれている（水木しげる『水木しげるの妖怪事典』東京堂出版）。これは死霊が橋の上でとくに足音をひびかせていることを特徴としている。

次にモダン・フォークロアの事例をみてみると、関西大学のキャンパスに音を出す幽霊の話がある。時計台前に広がる中央芝生にギターを弾きながらふざける幽霊が出現するという。かつて大学紛争のあった七〇年代、機動隊の前でギターを弾いてふざけていた学生が、機動隊員に殴られ、ショックを受けてノイローゼになり行方不明になってしまった。そして毎年夏になると、キャンパスに現れて、ギターを弾き、人々を驚かせては、また消えていくという（「夕刊フジ」昭和五十七年八月五日）。

また、生まれつき声質が低く、いつもソプラノの声が出ることを夢見ていたという一人の女性についての事例がある。小学校教員となったのが昭和四十六年、二十七歳の時のことで、学校に赴任すると、教室のすぐ隣りに共同墓地があった。ある日の放課後、この女性は目にごみのようなものがふわりと入りこんだ感じとなり、自分の意志とは無関係に身体が動き出し、同時にわけの分からぬ歌が口をついて出て、歌いながら踊り出すようになる。実はこれは小学校の隣りの墓に埋められた従軍看護婦の霊であった。昭和二十年八月にこのあたりを襲った爆撃で従軍看護婦の宿舎が焼かれ、八人の女性たちが死んだ。故郷への連絡がなされないまま、その時まで霊は共同墓地にとどまっており、それがこの女性に取りついたのであるが、憑依した看護婦の霊は、非業の死をとげたことを伝え、慰霊されるべく、二十年以上この周囲をさまよっていたのである。この女性を通して、霊たちはやっとあの世に移れることになったので、お礼によりましになってくれた女性に何でも彼女の願いを叶えてくれるという。そこで念願のソプラノの音声を希望した。その夜おそるおそる声を出してみると、かなりのびやかにソプラノが出せるようになっているのが分かったという。これは「婦人公論」（昭和五十七年九月号）に寄せられた手記の要約であるが、注目されることは、ソプラノの音声が、死霊によってもたらされたと本人によって信じられている点である。

　この逸話で語られた怪音は、むしろ亡霊と音との関わりを示す内容である。音をたてる幽霊は、ギターを弾くことで表現されるし、ソプラノを発する死霊は、そのまま現世の人間に憑依して、音の再生をはかったことになるのだろう。

2 怪音のメッセージ性

妖怪の発する怪音について、怪音の正体を合理的に説明しようとする思考は当然生じており、ウグメの死霊も赤子の泣き声を鮮明にさせることによって、人間に対する一つのメッセージになっていくという理解がある。

これに対し、言語明晰な呼びかけは、メッセージの内容がはっきりした人語によって表現されているのであり、怪音が言語化した現象となった型である。これはいわゆる「聞き做《な》し」の現象であり、解釈をめぐっての媒介者が存在することになる。

まず明確に氏名を呼びかけの対象にした例があがる。名前を呼んで人の心身を奪い去る妖怪について、『月堂《げつどう》見聞集』巻二十九に載る享保十九年（一七三四）五月の条に、九州の地で夕暮れに戸口で名前を呼ぶ声がするので、戸を開けたとたんに気絶してしまうという現象がひんぴんと起こっているという記事があった。五月中旬に流行《はや》り出し、備中備後地方に移動しつつあるという。その妖怪を防ぐには、「たぞやたぞ我名をしらでいふ人はいづくへ行くぞこゝは神やど」という呪い文句を戸口に貼りつけるとよいという言い伝えがあった（柳田國男「呼名の怪」「郷土研究」第三巻十号。

『新訂　妖怪談義』角川ソフィア文庫）。

　青森県津軽平野を流れる岩木川上流で「おらの子供がいつもお世話になっているのでお礼にきた」という老婆のしわがれた声が聞こえてくることがある。姿は見えないが、カワウバと称されている。よく海上で「杓子《しゃくし》を貸してくれ」とよびかけるオウバコとかショウカラビ、ナダ幽霊という妖怪がいるのと同様である。

『画図百鬼夜行』雪女（鳥山石燕画　国立国会図書館蔵）

　またお河童の小僧姿をしたカブキリコゾウという名の妖怪がいて、短い着物を着ており、夜道や淋し気な山路の真ん中に立っていて、「水飲め茶を飲め」と呼びかけてくる。

　長野県下の山中で、大晦日《みそか》に山稼ぎをしていると、「ミソカヨーイ」という声がする。その音の方に振り返ろうとしても、首が一向に曲がらない。声の主の姿は見えないけれども、山中の精霊らしい。

熊野山中で、肉吸いとよぶ妖怪がおり、十八、九歳の美女の姿で「ホーホー」と笑いながら人に近づいてくるという。

鳥取県の山中に出現する雪女は、白い御幣を振りつつ、淡雪とともに現れるが、その折「氷ごせ湯ごせ」と声をかけてくる。水をかけると雪女はふくれるが、湯をかけると消えてしまう。やはり同じ山中で、山彦が、実際には声を発する存在と思われており、呼子という異称があった。

香川県の琴南《ことなみ》町の山中にオマンノハハ岩という奇岩があり、そこを通りかかると、一人の老婆が出現してきて、「オマンノハハでございます」とよびかけてくるという。

高知県の山中で、フルソマとよばれる妖怪は、はじめ「行くぞう行くぞう」と呼びかけてくる。その声がだんだんと大きく山中にひびき渡るようになり、やがてバリバリと木の折れる音となり、さらに大木の倒れる音となっていく。その場所に行っても何事もない。その音声を発しているのは、山で伐木にうたれて死んだ者の霊だといわれている。

奄美《あまみ》大島の山間部でウバトゥイというのは、宇婆と称する妖怪で、山道を歩いていると「ウイ」と呼びかけてくる。後ろを振り向いても誰もいない。またしばらく行く

と「ウイ」と呼びかける。それで急に怖ろしくなってくるという。そ
沖縄でも、やはりヤナムンという妖怪がいて、出会うと声をかけてくるという。その時は決して振り返ってはいけないとされている。

呼びかけ型は、あくまで妖怪からの一方通行の形で音声が発せられており、怪音により恐怖心を生ぜしめて、効果をあげている。そして怪音の内容は人語として解釈できる内容へと変化してくるのである。言語が不明晰な赤子の泣き声にしても、死霊の叫び声といっても、鳥の鳴き声や樹木の風できしる音と同様の響きをもって伝わるといえるが、それを聞きとり、人語へと解釈する能力の持ち主がついに登場するようになったといえるのであり、これは明らかに一種の合理化現象といえよう。

ところで怪音の表現を民俗語彙《ごい》とする場合、それを言語化している現象について、武藤鉄城が興味深い説明をしている（「音と民俗」「旅と伝説」第十一巻七号）。主として秋田県仙北地方の事例を収集した結果である。

たとえば、神社から聞こえる音として鰐口《わにぐち》がある。これは「ジャンジャン」、つづいて鈴が伴うと、「ギャランギャラン」と聞こえる。とくに太鼓になると「ダダシコ」と表現されている。このダダシコは、人心を浮き浮きさせる音という。

寺院の音について、本尊の金仏が「カンカン」と鳴るのに対して、鐘の方は「ボン

ボン」である。葬式を「ジャンボン」というのは、ジャンが鐃《にょう》の音、ボンは太鼓の音という。寺にやってくる死霊の音は、大戸の桟がカタリと鳴ったり、座敷を掃く音、障子を開ける音だという。死霊が寺にやってくる物音は、そのほかにも位牌がガタンと倒れることによって分かるという。

昔話の「地蔵浄土」の中で、正直爺のために、黄金を運んできた六大地蔵は、「ドンドン、ザクザク」であったし、正直爺が鶏の鳴き声を真似たのに驚いて逃げた鬼たちが、ふたたび地蔵堂に戻ってくるとき、「デクジグバクジグ、ヒョーロロ」という音をたてて出現したと語られている。黄金が降って湧いたようにこの世に出てくる時は、やはりこの世ならぬものの仕業だと信じられていた。黄金そのものが怪音を出して人間の方に伝えてくるという話が多く語られている。土蔵の奥から「ガラーン、ドンドン」という音がひびいてくるので、誰もそこへ入りこめなかったのが、一人勇気ある者が思い切って入って行くと、それが黄金の源であったので、その者は大金持ちになったという。

毎夜山の方から「バレローン」という音が聞こえてくるという話がある。バレローンは、おんぶしてくれという意味の方言であるが、誰も恐れて近づこうとしなかった。それでただ一人出かけて行った男が、何かを背負って戻ってきた。それを急いで家の土間に置き、たらいをかぶせた。翌朝よく見ると、そのものは黄金の塊だったという。

また、ある事例では、「淵のかめ流れる〳〵」という叫び声がどこからか聞こえるが、皆恐れて近づこうとしない。そこで一人だけ勇気を奮い起こして淵まで行くと、そこに大金の一杯入ったかめが置いてあったという。

いずれも黄金が精霊視されており、怪音を伝えてくるのであるが、武藤鉄城はこの三つの話を、秋田県の角館《かくのだて》町で収集した。妖怪または怪異現象であるが、いずれもこの世に属さぬ何ものかが、この世に具象化する際に、その出現を知らせるメッセージとして、怪音を発していることになる。

田沢湖には、「八郎の音」という現象があった。毎年一月九日になると、八郎潟の主である八郎が、田沢湖の女の霊である金鶴《かなづる》子の許へ通っていく、そのとき発する音をさしている。雨風が起き、物凄い音であり、それを聞く者は命を失うといわれており、湖岸に住む者たちは、八郎の音を聞かないように、明神堂にお籠《こも》りして、大騒ぎをして自らたてる騒音によって、怪音に対抗しようとする。

前出の秋田県仙北地方で採集された妖怪の音声の諸相のうちで、言語明晰型に属する要素の例としては、「バレローン」と「淵のかめ流れる」とがあった。そこで一方的に妖怪の言語化がはかられているにしても、その際の媒介要素は妖怪そのものがその本体を人間に確認させようとする意図がある。それに対して人間の側は、一方的に恐怖の感情をいだいており、両者の間隙は大きい。しかし、人間の側に一人だけ妖怪の側から選ばれる存在があって、それが具体的なメッセンジャーの役割をつとめていることが分かる。

すなわち、人間の方の妖怪に対する応答がはっきり位置づけられて語られる事例が次にあげられてくる。これは問答型ということになろう。

「トビッコウ、トビッコウ」と鳴く声が聞こえてきた。場所は寺の庭の大木で、深夜であった。通りかかった気の強い老婆は、その声に向かって、「とびつくなら、とびつけ」と答え、同時に、自分の着物の裾をまくり、お尻を丸出しにして、その方に向けた。すると鳴き声がやんで、お尻のところに小さな袋が落ちてきた。老婆が袋をあけてみると、その中には大金が入っていたという(『古河の昔話と伝説』)。

青森県下の甘酒婆という妖怪は、夜中になると、「甘酒はござらんか」といって、家々の戸をたたいて歩きまわる。そこで「ある」とか「ない」と返事をすると、家の者の誰かが病人になってしまう。

大阪の南河内《かわち》郡に負われ坂とよばれる坂道がある。夜中にこの坂道を通りかかると、「負われよか、負われよか」と声がしてくる。「負うたろか、負うたろか」と答えると、松の木株がのりかかってきたという。この負われ坂に出てくる路傍の妖怪の本体は、狐狸《こり》の類とされているが、要するに人と妖怪の間に一種の問答形式が行われている。大声で呼びかけるのが、人間の方である場合と、妖怪の場合と二通りあるが、多くの事例は、妖怪からの呼びかけがあって、人間が答える形式をとっている。すなわち答え方に難があると判断されると、かならず害が及ぶという結果になっている。妖怪の意図は人間側に一定の効果を認めさせることにあり、それが吉と出るか凶と出るかを語るフォークロアに示されている。

モダン・フォークロアとして現代の都市社会の小中学校の生徒たちの間で語られる、問答型で興味深い事例がある。それは東京周辺の小中学校のトイレ、とくに女子トイレに出現する妖怪の話である。たとえば女子生徒がトイレに入っていると、声が聞こえてくる。それは「赤・青・黄の三色のうちでどの色が好きか」という問いかけである。その時の答えが赤色だと、突如何ものかが襲ってきて、血まみれで殺されてしまう。青色だと答えると、身体の血を抜かれて真っ青になってしまう。黄色と答えると、命が助かるというのである。学校のトイレは、以前と異なり、今や薄暗いジメジメした密室ではなくなっている。蛍光灯がともり、きれいな便器が備えられるのがふつうで、違和感はない。だから以前のように暗い感じのトイレで怪異に出会う体験談は、明るい清潔なトイレになると、すっかり忘れられてしまっている。ところが明るくモダンな空間に、怪しい音声が聞こえてくるから不思議な現象といえるのである。トイレの妖怪は、呼びかけにはじまるが、学校だけあって、はっきりと言語化しており、回答の仕方も、選択肢が定まっている。いわば生徒がテストを受けるのと同じ発想であるが、出現した妖怪による陰惨な殺しの場面が語られていることが特徴である。そこではもはや祟りという因果関係では説明しきれないものがあり、とりわけ初潮を体験する前後の女子の独特な不安心理とうらはらにあるフォークロアといえるのだろう。

3　メッセージの解読

音声ほど、人間のイマジネーションをかき立てるものはない、といわれる。たとえば妖怪の音声が、人間の恐怖の感情を端的に表現しているのかもしれない。音声を考える場合に、身体としての耳が媒体となっていることは明らかである。耳の民俗はさておき、村山道宣《みちのぶ》の「耳のイメージ論――『聴耳《ききみみ》』考序説」（川田順造・柘植元一編『口頭伝承の比較研究2』弘文堂）に指摘されているように、耳には異界のメッセージを聞きとる機能が付せられていたのであり、耳は音声の依《よ》り憑《つ》く呪器《じゅき》であったということはたしかである。とりわけ「聴耳」がその典型的事例であった。キキミミを職能とする家筋があり、中世には土地・屋敷・旦那の売買契約に立ち会っているデータがある。村山は、この際のキキミミが、呪的聴覚能力者であったろうと推察している。すなわちキキミミがカミと人間の交感を媒介する聴覚の所有者だとするなら、当然聴耳による音声の解説が必要となってくるだろう。

これまで聴耳については、とくに草木虫魚の世界に密着した音声が記録されてきた。前出の武藤鉄城は、角館近辺で早春にショブコが出した芽を吹くと「ピョピョ」と鳴る、またタンポポの茎は「フウフウ」と鳴るという。昼顔は、「コチコチ花コ」と称されており、ラッパ形の花に口を寄せて「上からコチコチ、下からコチコチ」という音を聞く。そうすると底の方から小さな虫が出てくるといわれている。ホオズキをブウと鳴らすのはよくあることであるが、この音を夜に鳴らすと、親に早く死に別れるなどとしてタブーにしている、といった例をあげている。

そのほかにも蓮の花の開く音、大根の割れる音、鉈豆《なたまめ》のはじける音などは、何かよからぬ時の前兆とされていた。たとえば「十月十日に大根畑へ行って、大根の音を聞くと、命が危い」といった口碑類がある（「音と民俗」）。

榧の実を嚙み割るとカチンと音がするが、この音についての昔話がある。それは山《やま》姥《うば》が女を喰いに里へ降りてきて、足踏みする時に「カチン」という榧の実と同じ音をたてたという話であり、これは独特の足音ととらえられていた。

　また山彦や木霊《こだま》については、山に行くとそれは小枝に下がっている楠蚕《かいこ》の繭だという説がある。袋状になっており、それを振ると中で蛹《さなぎ》がカラカラと鳴る。これが木霊の正体だという。カッコ虫という虫がおり、人間が「カッコ〱」と呼びかけるとしきりに頭を動かす毛虫の一種だともいう。音をたてないのにゴドゴド虫とよばれるのがいる。その形状がみるからにゴドゴドと聞こえるらしい。ガラガラ蛇はインド産とされているが、角館地方ではどの蛇もそういう音をたてることにより、人間に呼びかけてくると考えたらしい。

　昔話の中に出てくる「フン〱、ブン〱、ブンギヤアゴ〱」という音の出るひょうたんがある。その中には、虻《あぶ》、蜂、蚊などが入っていた。持ち主がそのひょうたんを開け、虫を放ってやったお蔭《かげ》で出世したという話がある。

　魚の場合、名称がハタハタとかブリコといっているのも、昔の表現と関連するだろう。鮭の大助が川をさかのぼる時に、「大スケ小スケ、今サカ上る。フエア（袋網）あげれ」と叫んでのぼって行くといわれている。魚王は妖怪であり、その音声を人間が耳にすると、命を失うといい、人々は網をいっせいに上げて、家に籠った。これなどはいかにも水界の主に対する人間の側の丁重な接し方であろう。

聴耳による鳥語の解釈にはさまざまのフォークロアが生まれている。鶏の鳴き声は、一番鶏、二番鶏、三番鶏と鳴く順序から時間を告げるトキの声であったから、時と無関係に鳴くと、不吉の前兆とみなす事例は多い。水死人や雪崩《なだれ》で埋まった者の位置を判断するのに、わざわざ鶏を使って占う方法が生まれているのも、鶏の鳴き声が霊魂と関わっていることを示している。

燕《つばめ》は、子育ての時、猫が近寄ると、「畜生、畜生、俺ァ子をかまえば、眼ピチッ」と叫ぶという。鴉《からす》鳴きも古くから知られているし、雌鳩は、雨模様になると「夫《てて》チョ(今日)来い」と鳴きながら教えてくれるという。雉《きじ》の声は、地震の前兆だといい、ふくろうの声は「糊付《のりつ》け干《ほ》せ」といい、この場合は天気は晴天となるというのに対し、「糊付けホホ」というと雨天になるという。時鳥《ほととぎす》が「ホッチョカゲだか」と鳴くのは、兄が弟の疑いをはらすため自分の包丁で腹を裂いて無実を示したということから、「庖丁どっちややった〳〵」と叫び狂うのだと説明したりするのは人口に膾炙《かいしゃ》した例である。同様にマオ鳥(オサバト)も、継母に叱られ、失った馬を探しまわる子供が「マオー〳〵」と叫びながら鳥になったという昔話がある。鳥の鳴き声は数多くフォークロアとして語られているが、鳥自体が霊魂を運ぶという古い信仰の対象となっており、かつこれは通文化的現象であって、ひとり日本だけの現象ではない。

川田順造が日本のこうした「聞き做し」について興味深い分析を行っている。それは音の共感覚の領域に属する問題であり、深い民俗的背景が伴っている。小鳥前生譚の類型にみるように、人間＝小鳥の変身譚などが大きい位置を占めてくるのである。川田はモシ族の事例と比較しながら、日本は自然と人間の関わりが相対的に強いという感覚を指摘している（『聲』筑摩書房）。

問題は、こうした聴耳の発想が、草木虫魚鳥類の霊的なメッセージを解読できるということを示す民俗が伝承されてきたことである。谷川俊太郎の詩の一節に「みみをすます／しんでゆくきょうりゅうのうめきにみみをすます／かみなりにうたれ／もえあがるきのさけびに／なりやまぬしおざいに／おともなくふりつもるプランクトンに／みみをすます／なにがだれをよんでいるのか」とある。最後の「なにがだれをよんでいるのか」が重要な問いかけになるのだろう。

沖縄の「琉球新報」（昭和六十一年七月十四日）に住宅地域にハブが頻出している記事が報道されている。梅雨のあとに家の周りの雑草を刈りとっていると、雑草の中に脱皮して間もないハブの抜け殻が時折発見されているという。最近までハブの出没など話題にならない地域であった。その原因は乱開発にある。原野や山地を開発し団地造成をすると、かならず、すみかを追われたハブが住宅地に下山してくる。いまや沖縄全体がハブと同居時代を迎えるに至っているという。

特別天然記念物ノグチゲラの生息地が乱開発のため狭められた結果、ハブの生息地に巣造りをしたため、今度はハブに襲われる事件も起こった。このこと自体は、人間と草木虫魚鳥との関係をきわめて悪化させており、ハブやノグチゲラのメッセージをていねいに聞きとり、聞き做す能力が人間側に求められていることになる。

妖怪の音声にしても、本来「咬もうぞ」という物言いが警告を表現しているにしても、そのバリエーションが、受け入れ側の人間の耳の構造によってさまざまあったということである。たとえば聴覚生理学の分野で非定常音の実験が行われ、これが人間の精神活動と密接な関係のある大脳で、それぞれ異なるメカニズムで知覚されることが示唆されている。非定常性の高い音に対する人間の可聴力が五万ヘルツにも達するという、大橋力《つとむ》の実験結果などは、今後、人間の聴耳による草木虫魚鳥類の音声解読に役立つのではなかろうか。同時に妖怪の音声についても同様な捉《とら》え方ができるのである。われわれの意図もそうした妖怪語の定立を目指し、かれらのメッセージの解読を可能にしていくための一里塚として位置づかせることであった。

二　妖怪からのメッセージ

1　食用蛙の声

　最近の高校生たちに、今一番手に入れたいものは、という質問をしたところ、「超能力」という答えがもっとも多かったという。これは何も若者に限ったわけではなく、世はあげて超能力に期待しているふしがある。また、オカルト、ホラー、占い、新宗教などのブームが断続的につづいている現代の世相がある。

　超能力は、現実の世界とは別の異界に属する力であり、超自然的領域と交流することによって、こちらの世界にそれが送りこまれることがある。その場合、現世と異界とを結びつける媒介者が必要であり、古くからそうした技術の持ち主をシャーマンとよんでいる。シャーマンに関する学説は数多くあり、また本当に異界と現世とを往来しているのか客観的に知る術《すべ》をもたないため、なかなか真偽を区別することができないでいる。

ところで偽物であっても、結構人気のある超能力は、人々の自由な想像力やマスメディアの介在もあって怪獣や妖怪たちを数多く生み出した。最近のテレビや映画などでは、ゴジラやウルトラマンが復活している。いずれも団塊の世代が少年時代に熱中した超能力の存在であった。これらは一時期流行し、いったん途絶えたかと思ったら、再登場してヒットするという流行現象を示している。

ゴジラなどは、映画界のもう一方のスターである寅さんと同様に、毎年スクリーンに登場して、たぶん海彼《かいひ》から来訪する救い主のテーマをもって永遠不滅の存在になるのかもしれない。こうした超能力をもった妖怪たちをつくり出すフォークロアは注意してみると、いろいろと面白い問題がある。

静岡市内で古老が怪物の話をしてくれた。静岡市のはずれに池田というムラがあり、古くから用水池があった。池の周りは、竹藪《たけやぶ》や灌木《かんぼく》が繁っていて、水も濁り、あまり人も近づかない池である。老人がまだ幼なかった頃、ある初夏の夕暮れ、戸外にいると、突然「ウオーウオー」という唸《うな》り声が聞こえてきた。方角は池の方なので、家人と一緒に池に近づいてみると、ひときわ大きな唸り声が池面から起こったので、怪物が現れたと思い、逃げ帰った。翌日、村中大騒ぎとなり怪物退治になったが、人が多過ぎるせいか、怪物は姿を見せない。明け方、人影がまばらになるとまた唸り出す。噂《うわさ》は噂を呼んで、物見高い見物人たちが遠近から押し寄せる状況となった。そして県下の新聞にも報道され、見物人相手の自転車預かり所や露店まで立ち並ぶようになった。実はこの怪物の正体は、外国産の食用蛙であることが後日判明した。大正十三年六月の出来事であり、捕えられた食用蛙は、のちに「池田の怪物」の名でヨシズ張りの掛小屋に入れられ、見世物にされたという。この食用蛙は、もともと池田の旧家が有名な獣医からもらったのを、自分の家の裏手の小池に入れておいたのが逃げ出したものといわれ、その後、あたりに食用蛙が急増し、今度は「かわず料理」として珍重されるようになったという。同じ頃、島田市内の池にもオルガンのような音を出す「イナモノ」が出るという噂が広まっている。食用蛙の声はたしかにはじめて聞いた者にとって異界の主、妖怪の声のように聞こえたのであろう。

何でもないきっかけであるが、大人も子供も妖怪変化を求めており、いろいろと想像力が駆使される。これは明らかに日本の文化伝統でもあろう。眼に見えない異界の存在を、われわれの世界に図像化することのできる特技が、限られた人々にあり、水木しげるの妖怪画ブームによく示されている。水木しげるの描く妖怪は、一見素朴で怖くないようだが、環境破壊の結果つくり出されてきたという原初的な恐怖感情が底流にある。

江戸時代の鳥山石燕《とりやませきえん》も特技の持ち主であり、百鬼夜行《ひゃっきやぎょう》の有様を描いたが、いずれも妖怪は暗闇を横行して陽光を嫌うイメージがあり、とくに闇夜の不思議な火が妖怪化している。それと女妖や女の幽霊が男のものより圧倒的に多く、さらに女の首のイメージが仰々しく表現されている特徴がある。くろぐろとしたお歯黒の女の首や、細長いろくろ首、その説明は、夜になると耳を翼にして飛び去り、虫を喰い、明け方戻って元におさまるという。人は見えない霊魂をどのように想像していたのか知る

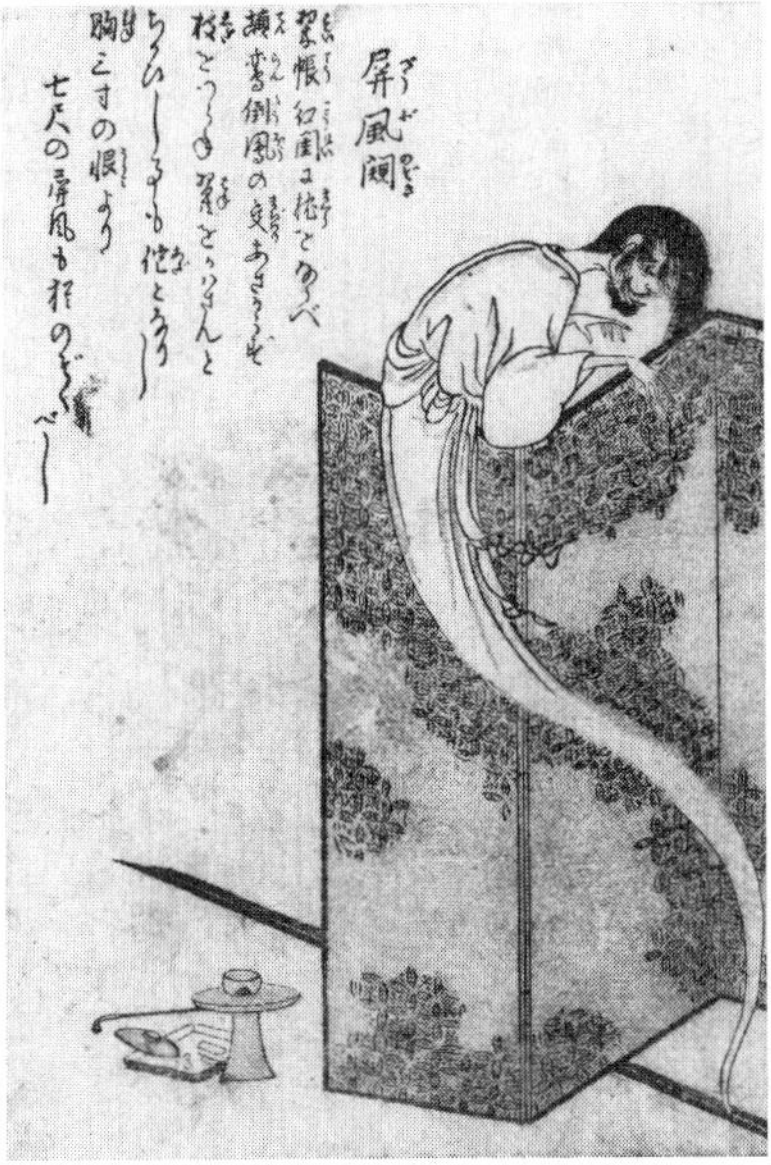
『画図百鬼夜行』屏風のぞき（鳥山石燕画　国立国会図書館蔵）

手掛かりにもなろうか。つまり霊魂は、首から上に籠っているのであり、身体から切り離されていても、依然活動をしているのではないかという思いが分かる。近年の「脳死」における判定基準がもめるのも、脳の活動の不可解な部分と、伝統的な霊魂観のからみがあるためと思われる。現代人が語ったり創造したりした妖怪も、根っこの部分で日本文化と関わっていることを知れば、ないがしろにできぬ存在なのである。

2 もののけの図像化

映画「ジュラシック・パーク」は、映画館の暗いハコの中で、超満員の観客が息をのむ怖さを味わうという、化け物屋敷と同じ発想である。

恐竜は古生物学の時代に生存していたことは証明されているが、現代人にとっては、この世に存在するものとはみられていない。あくまで想像の世界に生きていたから、妖怪変化に属するイメージがいだかれている。その奇怪な相貌は異形《いぎょう》のものにふさわしいが、獰猛《どうもう》な性格をもち、人間に襲いかかる。

しかし一般論からいうと、恐怖の感情は、未知なるものと遭遇するところにあり、怪《あや》しのものが、なにかしら具体性をもって、この世の側に姿をみせる。実は姿をみせ

『百鬼夜行図』(東京大学総合図書館蔵)

るまでの限られた時間に、人々には未知のものにいろいろな妄想をはりめぐらす時間がある。姿はみえねど不気味な音や光が示されると、それを前兆として必要以上の恐怖感がみなぎってくる。

やがて具体的な図像が顕在化すると、まあこんなものかと高揚した気分がやしぼんでしまう。そこであとは異形の残忍な迫り方により人殺しを連発することで、恐怖感を盛り上げようとするわけである。ただ本当に怖いのは、今まで現実に実見していなかったものが、やがて姿を現すにちがいないという予告をしている境界の時空間に私たちが身を置いたときであろうか。

奈良・平安時代に出現した「もののけ」は、あくまで物のもっている「気」なのであり、実体はない。「もののけ」が、人間の霊魂に発していることを、古代の人々は気づいており、生霊や死霊と表現し、それらが図像化すると、不気味な異相となって描かれている。

もののけが闇夜に出没することを、古代人は本能的に知っていたらしい。闇の世界に魑魅魍魎《ちみもうりょう》が横行するという感覚は、夜の時空間が長く広かっただけによく分かる。

室町時代に盛行した百鬼夜行図などは、まさに闇の世界に対する情報が豊かだったことを示している。うすぼんやりした時間からしだいに漆黒の闇夜になる。薄明時に、人はまだ未知の秘めたる力を知りたいと思うから、夕占《ゆうけ》や辻占《つじうら》によって超自然的領域に触れようとした。しかし、子《ね》の刻《こく》や丑三《うしみ》つ時《どき》になると、もうこの世の時間ではなくなる。鎌倉時代末期に成った『拾芥抄《しゅうがいしょう》』には、特別に「夜行日」が設けられており、多くて月に三日ぐらいは妖怪変化が深夜を跳梁《ちょうりょう》する夜と定めていた。この夜はなんとしても外出してはいけないのである。首のない馬や人が行列をつくって歩む場面があると信じられていた地域もある。

中世のつくも神は、器物に宿る妖怪であり、古道具の怪でもあり、またポルターガイスト（心霊現象）かもしれない。家中家鳴り震動するのは、器物器財がもののけと

『地獄極楽図』（河鍋暁斎画　東京国立博物館蔵
ColBase（https://colbase.nich.go.jp/）

なって飛んだり跳ねたりするからである。そのありさまを百鬼夜行として図像化した画家たちがいる。かれらの想像力はなかなかみごとなものであり、現実は異界である闇の住人たちのメッセージをいろいろと伝えてくれている。

そもそも異界のことを言《こと》あげするプロたちは宗教者として存在し、日本もシャーマニズムの世界は豊富である。シャーマンが異界の霊魂を憑依《ひょうい》させる技術をもっており、それを妖怪といおうが、動物霊のポゼスした現象といおうが、受け入れて信ずる側の者にとっては同じことなのだ。

幕末から明治二十年代にかけて妖怪画をたくさん描いた河鍋《かわなべ》暁斎《きょうさい》の作品では、妖怪のイメージはすこぶる擬人化されていて、こちらの世界の生活ぶりとあまり変わっていない。江戸時代中期以後そうした傾向が深まっており、闇の世界にも昼間の日常が投影しているのである。

たとえば、暁斎の「地獄極楽ばなし」などは、こちらからみると、地獄も極楽もいっしょくたという捉え方をしている。阿弥陀如来も閻魔《えんま》もともに酒を飲んで踊りまくっている図柄など面白い。化け物の嫁入り話も絵巻物になっている。化け物同士の見合い、床入り、出産などを、現世の人間はのぞいてみたい心境をもっており、暁斎はそれをみごとに描いてみせる。

明治三十年以後、百鬼夜行は姿をみせなくなった。暗闇がしだいになくなった生活環境だからといえば当然であるが、しかし近年不思議な現象が語られるようになった。例の「学校の怪談」である。放課後、子供が見かける妖怪が学校中心になっているのは、百鬼夜行の伝統がこちらに移ったのだろうか。妖《あや》しのものが姿を現すことを子供世代がいち早く感知しているのだろうか。「移風の兆《きざ》し」が起こる時に童謡が流行するという社会変動の時期にさしかかったのかもしれない。

第二章　妖怪と幽霊

一　幽冥界

1　平田篤胤の天狗研究

柳田民俗学の一つの目標として、日本人の幽冥界《ゆうめいかい》に対する考え方を探る研究がある。幽冥界というのはあの世のことで、英語で another world といってよい。

柳田國男の初期の論文に「幽冥譚」がある。重要なことは、国民生活の意識を究明するには、あの世に対して日本人がどういう関心をもっていたのかということを知る手掛かりがあまりにも手薄だということである。これは、仏教とかキリスト教が入ってきている関係で、本来の日本人の「幽冥教」というもの、柳田の頭の中には神社神道を中心とする神道の世界があり、それとは別に、あの世の手掛かりや霊魂の行く末などを、日本人は古くからもっていた。その体系化が「幽冥教」である。「幽冥教」

は神官や山伏や巫女といった人々が秘伝として伝えているもので、なかなか活字にならない。キリスト教や儒教や仏教が入ってきて、大きくそれが変貌させられてしまった。そこでいざ資料として集めようにも、どこからどこまでが「幽冥教」に属するか分からないので、その手掛かりがなくなってしまっているという認識をしている。

しかし唯一、江戸時代末期に平田篤胤《あつたね》が、妖魅《ようみ》、鬼魅、あるいは鬼の霊といった現象について資料を集めていた。具体的には天狗に関する資料である。天狗に関する平田篤胤の研究を手掛かりにして、まず、日本人は天狗をどのように考えていたのか明らかにした。天狗道とか天狗についてはいろいろな説があった。ある時期に「天狗になってあの世に行った」という。つまり「あの世」と「この世」の通行を可能にするような存在が天狗だったということから、天狗の研究に熱心に励んでいた時期がある。

以上が『柳田國男集』にも収録された「幽冥譚」の内容である。その中で柳田は、平田篤胤の姿勢について仏教を忌避し過ぎていて、仏教があるがため日本の宗教、とくに神道が駄目になったという前提から研究しているため、とり上げる資料の選び方が歪《ゆが》んでしまっている傾向があるが、個々のデータには大きな手掛かりがあると評価している。

天狗を中心とした「幽冥教」が本来日本宗教の根本にあったけれども、その部分が非常に弱体化しており、弱体化していると、この世の中が乱れる危険性があるとしている。現在の日本も無宗教の時代といわれているが、一九一〇年代という時期は、日本が明治以来の大きな変革の中でだんだん精神的なものを見失いつつある、そういう時代にさしかかっていた。その時点で、日本の宗教が勢力を失いつつあるということを指摘して、それを回生させるために、天狗の研究を行い、幽冥教のデータを発掘しなければいけないという主張である。

これが柳田の妖怪、お化けの研究の中心テーマであるが、現在お化けというとどうしても、言葉自身からして何となくマイナーなイメージを与える。「妖怪学」の学問領域については、柳田のライバルであった井上円了がいる。井上円了の妖怪学関係の著書は、図書館には必須の文献と思われる。妖怪資料がたくさん載っているからである。井上円了は哲学者であったが、物理学や自然科学に関する学者を集めて、「妖怪研究会」を組織した。世の中の非合理的な要素に当たる怪奇現象を発掘して、それが真実でないことを証明するためにおそるべき努力を傾けていた。

その仕事はたいへん興味深いもので、日本のインテリの知的な営みとして、近代の段階で西欧理念を背景にしながら、日本の伝統的、かつ非合理的なものを排除する。その折にきちんと資料として整理していた。一方的に見捨てるのではなく、こういう怪奇現象があるとして示したうえで、それは意味がない存在で、不思議といわれているものは科学が発達すれば必ず不思議ではなくなるものとし、それが人間の進歩である、という考え方にもとづいて井上円了の妖怪学は発達した。

しかし柳田は、本来人間というものは、あの世とか霊魂というものが存在の一番奥深くにあるから、非合理的とか、合理的であるとか、そういう物差しで測るべきものではないと考えた。おじいさんやおばあさんから代々言い伝えられている話の内容が、子供心に単なる昔話として記憶にとどめられるというのがふつうであるけれども、そういう話を見失わないようにさせるために、幽冥譚という、あるいは妖怪談義という分野から妖怪研究を進めることを一つの使命感としてもったようである。

その中で、興味深いのは、ある神主さんの息子で、十三歳になっている子供が急に行方不明になった例である。当時の神隠しである。家中で精進潔斎して祝詞《のりと》をあげていたところ、四日目か五日目に門口にドタリという音がしてその子が帰ってきた。その子供はボンヤリして、何が何だか分からない様子だが、ポツリポツリ思い出を語るには、自分は大きな建築物の中に入っていたという。その中には十人ばかりの男がズラリと座っていて、正面に座っている人がことに眼光が鋭い。自分を連れていった人がお辞儀をした。自分もおっかないのでお辞儀をした。しばらくするとそこに列座をしている人々がいなくなった。どうしたのかと思って耳をそばだてていると、どこからともなく祝詞をあげる声が聞こえてくる。しばらくすると、一番末座にいた四十がらみの男と、二十代の男の二人が前に進み出て、「これは私の身内の者でございます。親がたいへん求めているようでございますから、帰していただきたい」といった。そうすると正面に座っていた人が「それなら帰せ」というので自分は帰ってきたという話を語った。

身内といわれている人について考えてみると、おじに当たる人とその息子、つまり従兄弟《いとこ》に当たる。それがしばらく前に郷里から東京に移住していた。しかしその後二人は音信不通のままになり、どこを探しても見つからなかったという。あるいはその様子や年かっこうからみても、その二人が自分のおじと従兄弟だったろうと話した。その人々を天狗といっているのかは不明だが、自分の身内の者が幽冥界にいたことは確かであると少年は語ったという。

江戸時代の天保《てんぽう》年間（一八三〇－四四）に、神童寅吉《とらきち》という少年から平田篤胤が同様の資料を得ている。篤胤はそれを天狗と称した。天狗なるものに連れられてどこかへ行ってしまった少年寅吉の体験談を懇切丁寧に聞き書きにとった。柳田が聞いた話というのは、現代社会に移し替えてみてもすぐ分かるように、たとえば急に行方不明になった若者がカルトの中に入ってしまってなかなか出てこない、オウム真理教のような、ある瞬間に若者がこの世から姿を消すという事態に対応している。江戸から明治にかけての東京に起こった話として記録されたものだが、一時期神隠しにあうということ、若者が行方不明になるという事態を、平田篤胤も柳田國男も注目していた。真相は分からない、不可解な事実であるとその時点でも考えていた。

柳田國男は「幽冥譚」の中で、あの世とこの世、平田篤胤がいった「隠り世」というものとの交通を可能にしている現象については、実際に経験した人々の話を聞かなければいけないといっている。幽冥界の実態というものはなかなか分からないので、各地で行方不明になった若者たちの消息を、どういう形で戻ってきたのかというプロセスから探ろうとしたのである。当時柳田は三十歳で、まだ大正初期の段階であったが、こういう形で妖怪研究の基礎ができてきた。つまり彼は現象面で不思議な話として一笑に付せられるようなものではないということに気がついていた（「妖怪談義」）。

したがって、現代の「学校の怪談」などが一種のブームになっている背景には、たとえば学校の管理の問題や受験制度のあり方とか、学校の中で、中学生あるいは小学校五年生ぐらいの時期に差しかかっている子供たちの心意が「学校の怪談」に関わっているのではないかということ、逆に「学校の怪談」を語る生徒たちの間から、本来のプリミティブな日本人の霊魂観あるいは他界観に関する資料が得られることが考えられる。これは、現代の妖怪学の重要なテーマになっている。

私たちが日常生活の中で何げなく過ごしていても、何だかよく分からないけれども、あるとき突然日常的なものではない、異質なものに遭遇したり、あるいは体験したりする。しかもそれは無意識の慣習といわれたりする。それを柳田はフォークロアの口で伝えられる伝承として、記憶にとどめている。『遠野物語』はそういうフォークロアをもっている。何となく聞きとどめられていた話が柳田の手で「物語」になったわけである。遠野に限らず、全国各地で明治二十〜三十年代の、近代化が農村部に浸透していく時期に起こっている曖昧《あいまい》とした不安な精神状態がその基底にある。この『遠野物語』の怪談のような不思議な話にそうした精神状況が反映しているとみていくと、不思議議を語りたがる私たちの心の奥に隠れた何ものかに出会うことができ、それをもっと突き詰めていくと霊魂観やあの世に対する日本文化の根っこの部分に触れることが可能になる。そういう方向が開けているのに、単に過去の古めかしい話ということで一概に切り捨てられるべきものではない。

若い学生が民俗学で各地の風俗習慣を調べに行き、地元の老人たちに、このあたりに天狗とか狐や狸に化かされた話がありますかと尋ねると、「学生さん、大学でそんな変なことを勉強しているのかね、そんなものはこの世にはいないんだから、そんなことほじくりに来たってしようがないじゃないか」などといわれて、学生たちはすごすご帰ってくる。天狗や霊魂は無意味な存在だとして近代の教育はしつけているから、お化けや妖怪はマイナーな部分とされ、やがては切り捨てられなければいけないところに押し込められている。

しかし、これを民俗資料として再現させ体系化を図る作業をしていくことが、民俗学には重要になってくる。そういう話の中で、「もののけ」も注目されるべきである。「もののけ」は一種の「気」である。「物の怪」と記されることが多いが、「物の気《け》」とも記される。「気」というものは、一つの霊魂、あるいは人や動物に伴っているような霊的なものを指している。

2　物の怪と祟り

「物の気」というと、いろいろなものすべて、森羅万象に籠《こも》っている精霊を現す。「もののけ」が「物の怪」と書かれるときは、「精霊」が何かの形を示している。形を示すというのは、この世に自己表現をするということである。それは「祟《たた》り」という言葉に置き換えられる。「祟り」をつくりだしている「物の怪」は、一方的に邪悪なものと結びついている「物の怪」とみられる。『源氏物語』の六条御息所《ろくじょうのみやすどころ》の生霊などの記述以来、しばしば「物の怪」が、貴族社会の中に跳梁《ちょうりょう》していたことを示す文献はたくさんある。

そうした「物の怪」に対して、対抗呪術として、験者の祈禱《きとう》がある。宗教者が、あらゆるテクニックを弄して「物の怪」の祟りを鎮める。そういう物語が『今昔物語』などに語られている。しかし、「物の怪」は「物の気」であり、本来妖しの状態にならない精霊崇拝であり、物の霊に対しての信仰である。いろんな祟りが語られる以前に、すべてのものには霊的なものが籠っているという考え方を人々がもっていたことを示している。それが魂のタマ、あるいはカミになる。カミはgodではなく、spiritとかdeityの訳語にされている。カミは、隠れているものでオン、鬼というものである。これはいずれも善なる精霊と理解されていた。隠れていたものが、人々によって丁重にもてなされて出現していくといった人と神の関係は、自然と人間の共生が行われていることが前提である。

それに対して、たとえば隠れている鬼が表に出てきて激しい行動をする状態になると、鬼が暴れ回るということになる。それが「悪鬼」や「邪鬼」の形で人々に恐怖を与える怪異が生じてくる。

『栄華物語』をはじめとして、『今昔物語集』『宇治拾遺物語』などに出てくる「もののけ」は、「怪」のほうが強い。とくに妊婦が出産間際に苦しむ状態に対して、悪霊「物の怪」が取りついたという理解をしていた。

そのほかにも、狐や狸の跳梁も、それが動物霊となって人に取りつく狐つきとか狸つきがあったし、「物の怪」の跳梁が、ほとんど狐狸の類によって行われるという解釈がなされていた。しかし、本来は「ものの精霊」という意味で、精霊である霊魂、つまり「たま」がいろいろな意味で人間に幸いを与えたり、警告を発する存在とされていたことを示す資料も多い。

たとえば『宇治拾遺物語』に載る例では、「物の怪」を患っている状態で、その「物の怪」がいろいろなことを口走り、つまり「物の怪」がものに取りついていうには云々《うんぬん》と説明し、「おのれは祟りの物の怪にてもはべらず、浮かれて罷り通りつる狐なり」と述べている。要するに、自分は恐ろしい、悪い意味での「物の怪」ではない、たまたま遊びながら浮かれて通っている狐である、という託宣があった話になっている。

また戦国大名大内義隆の記録によると、大内家の屋敷にはいつも「物の怪」が棲《す》んでいて、いろいろな予兆や瑞兆《ずいちょう》を示していた。光り物が飛んだり、大勢の声がドッと聞こえたり、不思議な現象が現れ、突然声が聞こえたりする。その声をよく聞いてみると、「物の怪」が動き出すと世のありさまのことどもが伝わってくるという。たとえば、ある月の上旬には草木国土がことごとく皆成仏する、それは世が滅びるというしるしで、国土も松も木も枯れてしまい、火や石が飛び交う、ということをその「物の怪」が語り出したという。実際その年の八月には国が乱れて闇の世になったと大内義隆は記している。

この例と同じように、戦乱の時期に「物の怪」がいろいろなメッセージを世に送り出すと人々は考えていた。この場合、「物の怪」が人間に対して警告を発する立場からものをいっている。災いをもたらすというよりも警告を発するという内容である。もともと「物の怪」は幸運をもたらすものであり、人間を庇護《ひご》する役割を担った自然に属する精霊としての存在という見方があったことがうかがえる。

ところで「もののけ」という言葉が現代のアニメの中でも甦《よみがえ》って人々に感動を与えたことは、大流行したアニメ映画で知るところである。この映画の中で「ダイダラボッチ」という創世神話に出てくる巨人が大地を這《は》いずりながら、この世を壊滅させ、そしてふたたび甦らせる展開は「物の怪」による世の終わり、一種の終末的状況について何らかのメッセージを送っていることになる。自然と人間はともに共生しなければいけないというメッセージをつくっているわけである。メディアが媒介した「この世の終わり」と再生といえようが、これは人類の永遠のテーマであった。怪奇現象を通して再生のイメージが語られるわけである。

ゴジラも人気映画の一つである。かつて日本ではゴジラ映画は二十二本作られた。昭和三十年代には毎年毎年、お盆かお正月になると、ゴジラが出てきていた。いまはアメリカ版に変わってしまい、日本とアメリカの関係がよくわかる。アメリカ製のゴジラ映画も人気を集めていた。アメリカのゴジラは非常に凶暴で、「ジュラシック・パーク」に出てくるような恐竜が大都市ニューヨークを破壊していくイメージで作られている。特徴的なのは、ゴジラが四つん這いになって物凄《すご》いスピードで走るので、日本のゴジラと比べるとイメージがずいぶん違う。

日本のゴジラで重要なのは、水爆実験が生み出した存在であることと、海の向こうから出現してくることである。つまり黒潮文化という日本文化の基層部分を構成した黒潮に沿って、海の彼方から怪獣がやってくるモチーフである。その場合に、海の彼方には怪獣がいろいろいるが、日本の歴史の中では、ジュゴンあるいはイルカなどがあった。イルカは最近も話題になるが、ジュゴンも人魚の形をとって人々の意識の中に定着して、「八百比丘尼」のような八百歳まで生き延びる女性の長寿の存在を語る話になった。人魚の肉を食べたために永遠の命を得たという女性の話である。男性には全然そういう見込みがなかったようで、女性の方に自然との共生を可能にする話が伝えられるといえる。

ゴジラの前身に当たるのがナマズである。安政二年（一八五五）の大地震が生じた後に、地中に潜んでいたナマズが表に出てきたとされ、「鯰絵」という当時の情報文化の資料となった。かわら版の鯰絵が描かれた背景には、海の向こうから潮を吹いたナマズが大都会の江戸を襲って破壊するという意識があった。それが鯰絵に反映していることは明らかにされている。そうした鯰絵自身も、ナマズが淡水魚でありながら、海の向こうから来るという不思議な構図をもっている。このことも黒潮文化の中で、日本が海の向こうから来るものに対して丁重な扱いをする民族性をもっているということを如実に物語る。

そういう文化的背景からみると、日本でゴジラが物凄いスピードで四つん這いで走ることにはならない理由は明らかである。ゴジラは水中を泳ぎながらやってきて、渚でスックと立ち上がる。そして日本列島を睥睨《へいげい》するという、巨人のイメージをもっている神話的現実である。つまり、隠れたものが表面化する時のスタイルであり、それは恐竜の格好をしているけれども、実は海の向こうの海神あるいは海獣という存在とオーバーラップする。これは別にゴジラだけではない。民族の文化的背景を無視できないという事例である。

　ゴジラの件もそうであるが、another worldが、こちらからはなかなかみえにくい。向こうの世界に属している者がこちらをよくみているのではないかという考え方が無意識のうちに我々の中にはある。それで、こちらの人間が何となく想像を巡らすと悪霊とか怨霊《おんりょう》というものの、目にみえないものであるけれども、形をとるとどういうものになるかという想像が生まれてくる。とくに人間の霊魂というものの具体的

『画図百鬼夜行』人魚（鳥山石燕画　国立国会図書館蔵）

な姿が幽霊、「かすかな霊」という表現をとっていて、これが幽冥教の問題なのである。図像をみていくと、向こうの住人は初めから足がなかったわけではなく、逆立ちをしたり、首を後ろ向きにしたり、つまりこちらの世界ではあり得ない様子を示している。アメリカとかヨーロッパの心霊科学の中の霊魂に対する図像は、生きている人間と非常に似た形である。欧米では遺体に処置を施して埋める関係で、ゾンビのように死者が甦る可能性がある。日本の場合は、土葬で埋めてもすぐに腐敗していくので、それが甦ってくるときは、形としては半身不随の姿で出てくる。足がなくなるのはその中で一番典型的な例である。

足を失うようになった理由について、柳田國男や南方熊楠《みなかたくまぐす》の説がある。南方の場合は彼自身霊的な体験をした人で、幽霊というものの足を失わしめた状況について述べている。要するに、こちらの世界からあちらの世界をみることはできないが、向こうのものがこちらの世界に現れてくるとき、こちらの世界の人間は恐らく足、あるいは身体のどこかが欠けているような状態しかみることができなかったのではないかということを自分の体験を通していっている。そして、足跡をつけるのは妖怪であるが、足跡がつけられない状態になっているのは幽霊だという主張をしている。南方には幽霊に足があるかどうかについて世界各地のデータを集めて証明した論文もある。

柳田國男は、本来妖怪はこの世にあるメッセージを送り込む、それも善なるメッセージで、とりわけいい話をこちらの世界に伝えるとしている。ところが幽霊は、特定の人間に対して恨みつらみを晴らすために現れてくるので、妖怪としては邪道の存在であり、本来自然と人間がうまくいっている限りは、幽霊は現れるはずがないと考える。

しかし、柳田は、幽霊がやたらに出てくるのは、日本が近代化し、都市化した地域に非常に多いとし、都市の民俗現象としては、妖怪とは別なカテゴリーに入れてしまった。「妖怪談義」では、柳田國男の妖怪は、幽霊を見落としている。柳田説は現代になかなか通用しなくなっている。現代では、幽霊の方が妖怪化している。「学校の怪談」はまさに、幽霊の姿をとる少女の霊が主人公であり、そういうことの体験物語が、「トイレの花子さん」とか「テケテケ」というものになる。これらのお化けが学校の中にたくさん生まれてくることがブームになったわけである。

ただ、いろいろな資料を比較していくと、柳田國男は天狗という表現をとったが、幽霊を見やすい年代は、霊的な感覚と大人がみている、あの世とこの世の通行がある程度可能だと思われているような時期、とくに少女の時代に敏感に現れているといえる。単に管理教育のはけ口のためにお化けが出てくるだけではなく、少女世代に事例が多いということは、トイレが選ばれていることにも共通した問題が基盤にあるのではないかと思われる。

しかし、「トイレの花子さん」以外にも、交通事故で亡くなった霊魂とか、校長先生が幽霊になりやすいという例も多い。それは逆に、管理者としての校長先生に対する生徒たちの恨みつらみといったものを一身に受けた校長が自殺したために幽霊になるという語りが生まれてくる。しかし、いつのまにか霊魂を無意識のうちに悪霊化させる慣習がそこに反映しているように見受けられる。

「学校の怪談」ブームが長く続いていることでいつも不思議に思うことがある。図書館の怪談は恐らく、本来的に存在していることは間違いない。どこかに封じ込められているようにも思う。図書館の中に潜んでいる幽霊や妖怪の話は、探せば都市伝説としてかならずある。もちろん幽霊より妖怪の方がよい。幽霊というと図書館長に対する恨みつらみがそこに表現されていたりすると問題が大きくなってしまう。本来妖怪は何らかのメッセージを送るためにどこかに封じ込められているに違いない。古い図書館であればあるほどその思いが強く込められているというのが一般的な説であるが、長い本の知識の蓄積とともに、そこに棲み着く妖怪というものが妖怪研究の中ではまだ外されている。恐らく、こういうことを研究すると「おまえは変人だ」というので、図書館の中で管理されているとなかなかできないこともあるけれども、「図書館の怪談」が増えつつあるかどうかについては、残念ながら手元にデータがないために断定しにくい。

一般論としては、妖怪伝承をたくさんもつ民族は危険状況を乗り越えられると柳田國男はいっている。宗教が衰微してくると幽冥界の消息が不明確になってしまう。それは幽冥界に対する、あの世と霊魂に対する感覚を失いつつあることを示す。そうすると形骸化した宗教だけが残ってしまう。形骸化した宗教になると、精神世界そのものが末期的な症状になる。これが、終末というものを招く大きな原因になる。

そういう精神的危機を乗り越えるためには、逆に妖怪をたくさんこの世に作り出して、それらと共生できるような環境をもつべきである。私がまだ日本文化が健全であろうと思うのは、水木しげるの『妖怪画談』や『幽霊画談』という書物が岩波新書で出されたところ、アッという間に四十万部近く売れたことである。私も『妖怪の民俗学』（岩波書店）を出したが、これは二万部でとまっている。この差はどこからくるのか。私はどうも理屈でこねてしまうが、水木しげるに聞くと、あちらの世界からメッセージが響いてきて、手が自然に動き出して妖怪が図絵になるという。それがあの世とこの世をつなぐ能力の差ということになるのだろうか。

二　幽霊と妖怪

1　精霊と妖怪現象

「もののけ」は「物の怪」と漢字で記すと明らかに妖怪変化《へんげ》のことになる。ところが「物の気」と表現するならば、森羅万象この世にあるすべての物には気すなわち生命が宿るという見方が成り立つだろう。本来、もののけは精霊を意味しているのだが、これが妖怪とみられるに至ったのは、古代社会において「物の怪」が跳梁《ちょうりょう》して祟りが発現するという場面がしばしば生じていたからであった。「物の気」が何かのインパクトを受けて「物の怪」となり、怪異すなわち祟りや邪気を示すのである。それは出産や病気になったときに多く現れた。とくに物の怪が異界に存在し、狐や蛇などを通してこちらの世界に何らかのメッセージを送りこんでいる「憑《つ》き物」が表現されるのは一四世紀に作られた「土蜘蛛草紙《つちぐもぞうし》」（東京国立博物館蔵）が嚆矢《こうし》であろうか。この絵巻の中には動物霊もさることながら、火鉢の五徳や金だらいなどの「物の怪」が出てきた。これはのちに「器物の怪」として一般化した。器物は百年経ると物の怪になるという説明はきわめて日本的な現象といえる。

中世の『付喪神記《つくもがみき》』には「器物百年経て、化して精霊を得てより、人の心を誑《たぶらか》す」と記されている。つまり長時間経ると器物に精霊が宿る、それが人をたぶらかすというのであり、つくもは九十九の字をあてている。簡単にいえば、器物には霊魂が籠るとする見方である。

すでに『今昔物語集』には、人をとり殺した油瓶《あぶらがめ》や、銅製の鍋の精が人の姿に化けた話などが載せられている。室町時代には杓子《しゃくし》が手に変身したり、銚子《ちょうし》が法師に化けたり、田の案山子《かかし》が男の姿に化けたりしている。そして『百鬼夜行絵巻《ひゃっきやぎょうえまき》』には深夜、都大路を行進する器物の妖怪たちの姿が印象的に描かれていた。この主役になった古道具類は、いずれも暮れの煤払《すすはら》いの際に道ばたに棄てられたものばかりである。それらは集まって、古文書の精霊の指導の下に妖怪化するのである。そして人間に危害を加えて殺し、人肉を食べて酒盛りして、連歌や双六をしながら遊びふけっている。しかし、人間によっててていねいに供養されるならば、やがて成仏できるというモチーフである。

民話に登場する化け物寺に巣くっている妖怪などは、いずれも正体が古道具であった。私たちが日常何げなく用いていた器具類は、いつの間にか精霊を宿していると思われた点が興味深い。このような霊魂観が発生していれば、器具に宿る霊は、何らかの理由で怨霊と化することもあり得るからである。

一九七〇年代の高度経済成長期を前後にして、道具供養が盛んに行われるようになった。針供養や筆供養は、江戸時代から馴染《なじ》み深いものだが、そのほかにも傘や農家の蓑、笠など使い古したものを積み上げ、焼いて供養する。金物類では包丁、はさみ、また時計、眼鏡、レコード、扇子やトランプカードまである。これらはもう古くなっていて使用しなくなったので、遺棄する前に一堂に集めて、供養するという主旨なのである(田中宣一「道具供養」「民具マンスリー」二一－五所収)。その根底には、古道具類に籠っている精霊が人間によって一方的に排除されたり疎略に扱われたりすると、それが怨霊化するから、その霊を鎮め慰めようとする心意がある。

最初器物の怪が現れた中世京都には新しい道具が次々と日常化していた。それまでに使い古された古道具類は棄てられるばかりであった。だから百鬼夜行の中には棄てられた器物の妖怪も出現した。三本足のネズミが履き物の妖怪になったりする。竜は琴の妖怪であり、赤鬼は琵琶《びわ》、傘、わらじ、玩具の木馬、幡《ばん》や法子《ほっす》、どら、錫杖《しゃくじょう》、はさみ、釜等々が生じたのである。現代ではリサイクル運動が盛んであるが、古道具の精霊の転生をはかる気持ちが、そのままモノを大切にする心に通じるだろう。現代の道具供養はその流れをになうフォークロアとして発生したのかもしれない。

安永四年（一七七五）に鳥山石燕《とりやませきえん》の描いた「百鬼夜行」は日本妖怪画の集大成である。これは現代の水木しげるにも引き継がれている。これら妖怪をみると、決しておどろおどろしいイメージではない。はじめは素朴でユーモラスな姿であったのが、次第にデフォルメされて複雑な図像となっている例が多い。

『画図百鬼夜行』垢嘗《あかなめ》（鳥山石燕画　国立国会図書館蔵）

たとえば「あかなめ」

という妖怪は、古い風呂桶《ふろおけ》や湯屋に発生する、ぬるっとした生活臭のあるもののけである。「やなり」は家鳴りと記され、家中ががたがたする騒ぐ霊である。それと関連して「天井下がり」もある。これは天井を突き破って落ちてくるのだから、大音響を発している状態だろう。のちに「天井より大足」というような、天井を突き破って大足が出現するという不思議現象が、古屋敷につきものとなったこととも思い合わされる。家鳴り震動は要するに一定空間に生じたポルターガイストをさしていて通文化現象である。このように化け物屋敷といった疑似装置が見世物としてつくられたのは、江戸時代中期であった。

器物の怪や化け物屋敷などいずれも人間の想像力の産物の一面といえるが、その前提にあるのは、精霊崇拝である。画家の横尾忠則が幼少期を語る次のような文章がある。「ぼくが外で小便をする時、母はぼくを抱きかかえながら『何ものもごめんやす』と謝ってからぼくに放尿させた。そんな習慣が今でも残っているぼくは立ち小便をする時は必ずこの言葉を繰り返す。とにかく、ものを踏み付けることを両親は絶対しなかった。両親にとって森羅万象が神だったのだろう。不浄をよしとしない神のために父は家の中の掃除ばかりしていた。また台所の神様から便所の神様まで家の中は神様のデパートみたいだった」(「私の履歴書」日本経済新聞社)。

こうした思い出は、多かれ少なかれ私たちの記憶の中にあるのではなかろうか。少なくともそれは「無意識の慣習」として、森羅万象には霊魂が宿っているという考え方なのである。

このようなアニミズム的思考がベースにあると、「物の怪」の発生もまた自然の理といえるだろう。霊魂の存在については、これを肯定的にみる日本人は約七割近くいることが統計上分かっている。この割合は、一九八〇年以後も同様の傾向を示している。ということは、今後もこうした考えを否定する科学が発達しても、人間のもつ不合理的な部分は、科学的根拠を超越して存続するも

『本所七不思議之内・足洗邸』（歌川国輝画　国立歴史民俗博物館蔵）

のと思われる。古代の「物の怪」の大部分は、出産や重病にかかった時に身体の感じる苦痛の原因の説明要素として登場した。この世のものではない異常な力の発現は祟りであり、祟るのが物の怪の働きと思われた。霊魂はタマとよばれる。人魂はとくに丸い形をして時には生前にそっくりな姿をみせる。これはさらに幽霊として図像化された。幽霊については、幻覚・錯覚・誤認といった人の心の曖昧《あいまい》さによって生ずる聴覚・視覚のあり方によって成立するものと説明される。

柳田國男は幽霊と妖怪を区別する観点を示したが、これは幽霊の存在が共同幻覚の対象にならないという特徴にもとづくためである。特定の個人が、死者の生前の出来事に関わったため、その個人のみが死者と交流できるという霊魂観による。だから他者には幻視されない何かが映像化された。

死者の霊魂をみる人が限定されているのに対して、妖怪は誰もが体験できるものと考えた。そして妖怪の属性として、出現する場所や時刻が限られていることをあげ、霊魂との関係からいえば、人間以外の霊が憑依《ひょうい》したものと考えた。だから狐狸の類による仕業とする説は、人霊以外の動物霊が何かのものに取りつき祟りをするとし、とくに狐狸、蛇などの動物霊が人間に取りつく憑き物を、物の怪の典型とみなした。南方熊楠もまた、妖怪は想像上の怪獣の変化あるいは原始時代の動植物の残影と考えている。

現代の妖怪についても、幽霊を妖怪現象とみるか、特別扱いするか理解が分かれている。人間の霊魂を信ずる者なら誰もが人魂をみるし、また恨みのこもった幽霊を認知できるかもしれないとする傾向がある。とりわけメディアが媒介して、いろいろな幽霊を増殖させるようになった。流行している「学校の怪談」なども、トイレや理科実験室、音楽室、階段途中、トイレの鏡などに、その学校の生徒で在学中に死亡した者の霊魂がさまざまな形で意思表示をするというモチーフが主である。まだこの世に思いを残している霊の姿が子供であることは、現代世相の反映といえよう。しかし現代の幽霊はメディアの操作もあって、すでに特定の個人に限定される根拠がない故に、かつての柳田の規定を超えた現象となっている。つまり人の霊魂もまた、柳田のいう妖怪化し得る結果になっている。こうした理解は、すでに江戸時代にも例が見出された。たとえばウブメの存在である。

2　幽霊の「妖怪」化

ホラー小説や怪談などは、いつの時代にも読者の嗜《し》好《こう》に適うものであるが、近年とりわけ評判高い作家に京極夏彦がいる。京極の作品に共通しているのは、おどろおどろしい妖怪変化の世界が、そのまま異界で完結することなく、現実の世に事実として出現することを、巧みなプロットで描く点にある。処女作といわれる『姑獲鳥《うぶめ》の夏』は、ウブメという産婦の霊が死後怪鳥と化して、生きている小児をさらうという妖怪を素材にしている。ウブメをモデルにした現実に生きている神話的女性の恐るべき人格が起こす殺人事件を、これも平安時代以来の陰陽師《おんみようじ》の血筋をつぐ男が解決していく。ウブメについては中国風の「姑獲鳥」のような鳥の姿は描かれておらず、たとえば鳥山石燕の妖怪画では、川の中流に若い母親が赤子をしっかり抱いて腰をかがめている姿をしている。母親の下半身は水に没し、腰巻におおわれているが足はみえないという象徴的なイメージである。

産婦の出産に際して特別な力が関わっていることについては、出産を体験する女性なら誰もが経験する。出産と女性そして妖怪との関係を示す事例は、日本においてもしばしばみられる。ウブメは妊娠中に死んだ女性の霊魂が怨念となってこの世に戻ってくる姿であった。すなわち『秉燭《へいしよく》或問珍《わくもんちん》』には「産のうへにて身まかりたりし女、其執心此ものとなれり、其かたち腰より下は血にそみて、其声をばれう〳〵となくと申しならはせり、人死して後他の物に変じて来る道理候はゞ、地獄の事も疑はしく存られ候」と記されており、わざわざこれを「姑獲鳥」という漢字で表現している。

　ウブメはふつう妖怪と思われているが、生前産婦であったから、柳田國男のいうような初め神であって、それが零落した妖怪という存在ではない。幽霊の姿として現れているのも特徴である。自分は死んでも胎内の子供だけはこの世に戻したいという気持ちをもってこの世に現れてきている。現世の人間に対して、胎児をこの世に戻そうと働きかけているのである。

『画図百鬼夜行』姑獲鳥《うぶめ》（鳥山石燕画　国立国会図書館蔵）

妖怪といいながら幽霊のイメージでもあり、幽霊の形をとっているけれど妖怪だとも考えられている。

　ウブメ伝承には、幾つかのタイプがあった。それらは出産の際に生ずるエネルギーが、特別な影響を及ぼして現れてくることを示している。

ウブメは産女をさすのが本来である。産女の妖怪は夕暮れ時になると、道の辻とか橋のたもとに立っている。そして通りすがりの男に、抱いている赤ん坊を抱かせようとする。赤ん坊を預かった男は、抱いているうちにだんだん重くなってくる。あまりにも重くなり過ぎたので、地面に降ろそうとするが、身動きできない状態になっていて、すごい重みがかかっていることが分かる。懸命に我慢していたが、もう駄目かと思い、「南無阿弥陀仏」の呪文《じゅもん》を唱えると、産女が戻ってきて、「おかげ様でこの子はこの世に戻ることができた」と喜んで姿を消す。

その時、赤子を預かっていた男は全然気がつかなかったが、翌朝、顔を洗って手拭《てぬぐ》いをしぼると、手拭いが二つに切れてしまった。びっくりしてまたしぼったら四つに切れた。そこではじめて、男は異常な力を産女から授かったことを知ったという話がある。この男はやがて力士となって、大関に出世したといわれる。大関とか横綱になる大力をその男がもつに至ったのは、彼がかつて産女から預けられた赤ん坊を我慢して抱いていたためにその力が授けられたというのである。

この話は、力は女性を通して伝わり、その神秘的な力は、出産の時に発する女性の異常な力のあり方にもとづいていることを示している。

ところで、産女が出現する場所については、橋のたもとか辻がかならず登場する。

現れてくる時には、産婦の死が出血多量のためなので、つねに下半身は血だらけになった姿で戻ってくるというイメージがある。下半身血まみれになった状態で命を失ったことが、産女のイメージに非常に強い印象を与えている。さらに産婦一人だけならともかく、一緒に赤ん坊の生命を伴っているから、母親としては赤子の命を是非この世に戻したいという思いがある。そのため彼女の怨念は強くこの世に残ったのである。そしてこの世に戻ってくる時には異常な大力を発揮している。それは出産に伴う力の体現でもあろう。その大力は女を助けた男に代償として与えられることにより、ふたたび赤ん坊はこの世に再生すると考えられていたのである。

この産女によく似た妖怪に「濡《ぬ》れ女」がいる。濡れ女は海辺や渚といった水際の境界に出現する。「磯女」という名称もある。分布は北九州の海岸地帯に多い。

濡れ女・磯女は、やはり赤ん坊を抱いて現れる。渚を通りかかる男に赤ん坊を預けて、女は海の中へ入ってしまう。その後、今度は海の中から「牛鬼」という妖怪が現れる。牛鬼は赤ん坊を抱いている男に襲いかかる。男は赤ん坊を捨てて逃げようとするが、赤ん坊は重い石になってしまい、手に吸いついて離れなくなってしまう。そのため逃げられなくなり、牛鬼に突き殺されてしまう。突き殺されるのを防ぐためには、近くの小屋の中に逃げ込んで隠れるのがよいという。牛鬼とは角がある妖怪で、何度も扉を突いてくるので小屋の中に入って隠れ、難を逃れたという話もある。しかし、だいたいは突き殺されてしまうのである。

産女の場合は、一人だけで出現しているが、濡れ女の方は、牛鬼とセットになっている。牛や馬は、神霊の乗り物とされており、聖なる牛・馬は妖怪視されない傾向がある。しかし牛鬼は、その姿体からして鬼の形相をしている。海中から出てくるので、海神の変化ともみなされているが、濡れ女に味方して、赤子の生命を、こちらの世界によび返そうとしているのかもしれない。渚、海辺は、道の辻や橋のたもとと同様に、境界としての場所性があり、産女＝濡れ女が出現しやすかったのである。

ところで、女性の黒髪は、独特のイメージをもっている。女の髪と生命力はつながりがあるのだろう。磯女の方は、もっぱら黒髪を使って浜辺を通りかかる男たちの生血をすするという吸血女である。産女の系譜につらなる妖怪と思われるが、大量の血を必要としているのは、やはり女性の生理・出産と関わっているからであろう。

こうした産女の妖怪は、江戸時代には急増していた産婦の死と不可分に結びついていたと思われる。江戸時代に入ると、男の幽霊よりも女の幽霊の方が語られる事例が多くなっていることと軌を一にしている。

妖怪と幽霊を明確に区別しようとしたのは柳田國男であった。柳田は幽霊は陰湿な人間関係、とくに都市に住む男と女のしがらみが背景にあって生まれたものとみていた。たしかに「四谷怪談」のお岩や、「番町皿屋敷」のお菊など、恨みをいだいた女の幽霊は有名である。男の幽霊ももちろんあるが、相対的には女性の方が幽霊化しやすかったのであろう。このことは封建社会における女性の社会的身分の反映であり、武家社会では男が女を弱者にする傾向が濃厚であった。その結果、妊娠させられた女性が非業の最期を遂げ、怨霊化したのである。当初特別な幽霊として扱われていたのが、一方で出産時の処置の悪さから出血多量で死に至る事例も多く、当時の状況からこれが増殖してきて個人的な幽霊ではなく普遍的な妖怪に変化したのである。

産女の図像をみると、下半身が弱々しげである。円山応挙《まるやまおうきょ》の足のない幽霊画が人口

幽霊画　（円山応挙筆　全生庵蔵）

に膾炙《かいしゃ》したのは、江戸中期以後であった。絵が先行して、芝居の方も、漏斗《じょうご》とも朝顔ともいう先がつぼまって足の見えない独特の衣装が工夫されたと、服部幸雄は指摘している。図像に足がみえないのは、幽明界《さかい》を異にするための異形を表現しているかもしれない。産女が下半身血まみれとなり、足の方は布で覆われているイメージが自然と足なしにしていったこととが、足なし幽霊のイメージを生んだと思われる。足がそのまま川や海に水没しているという図柄は、この幽霊が、あの世から出現して、こちらの世界に上半身を見せていることを示している。はじめは子を甦らせる執念をこの世に伝えようとした幽霊であったものが、次第に場所性にこだわるようになって妖怪化したことも、産女の図柄から分かってくる。

江戸時代末期にみられる幽霊のイメージは、幽霊画の普及を通して一般化し、広く妖怪像に吸収されることになった。そして現代では、妖怪としての幽霊のイメージが通説化しているのも世相の反映といえるだろう。

三　幽霊の描かれ方

1　幽霊の足音を聞く

今さら幽霊のことなどといわれるかもしれないが、この正体不明の存在に魅力を覚える人たちは数多い。お馴染みの水木しげるが描いた幽霊や妖怪のシリーズは超ベストセラーだというし、これを信じる信じないはともかく、異常な関心をいだく層は、年々あとを絶たない。

かつて南方熊楠は「幽霊に足なしということ」という論文を書いて古今東西の幽霊について論じ、とりわけ日本に常識化している足のない姿の特徴をとらえようとした。南方の論法は、例によって諸外国の事例を羅列していくが、脚部のない幽霊は他国にも発見される。南方によると、一見、足はみることができなくても、灰を撒《ま》いておくと、「妖怪」の足跡なら痕跡が残ることが分かるという。

南方が、「実体なき幽霊」と「実体ありてかつて地上に生活し、もしくは現存する禽獣《きんじゅう》より訛《なま》り生ぜる妖怪」として幽霊と妖怪の相異を規定したところは面白い。実体がないとすれば、当然足跡は残らないのであるが、そこで次のような論法となる。すなわち幽霊は、現世に生活していないわけだから、生者とくらべるとどこかが不足してくる。頭がない幽霊も、へそのない幽霊もあり得る。だから生者に足があるならば、逆に幽霊に欠如するという考えは一つの道理ということになる。日本の幽霊は円山応挙の幽霊画に端を発し、そのイメージが普遍化したが、世界的に比較しても決して異常な描き方とはいえない。『耳袋《みみぶくろ》』には、一書生が妓楼《ぎろう》に宿ったとき、幽霊の足音を聞いたという話が載せられている。足なしとはいいながら、足音が聞こえるという矛盾も起きている。ということは、足なしが「太古よりわが邦に存せしや、はた他国よりの伝来なりや」という問題提起になってくるのである。

ところで田代慶一郎著『夢幻能』(朝日新聞社)は、能舞台に不可思議な霊力支配の空間が現出していることを論じており、幽霊説に一石を投じている。夢幻能ではワキとシテの関係が重要である。シテはワキの前で謡をうたい語りかける。この両者は一種の交感状態に陥っており、観客はワキを媒体としてのみ、シテの現出する世界に接近できることになる。そうした夢幻能の約束事を前提として、世阿弥の描いた「幽霊」に田代は注目する。

すなわちシテはあの世から現れた死者の霊である。これは「井筒《いづつ》」「頼政《よりまさ》」「松風《まつかぜ》」の三曲に共通している。この「死者の霊」がすなわち「幽霊」と名のるのである。世阿弥の表現では、「われ実盛《さねもり》が幽霊なるが、魂は冥途《めいど》にありながら魄はこの世に留りて」と「実盛」で語らせている。田代の考証するところによると、世阿弥以前には、「幽霊」の語はなく、別の用語、たとえば「亡霊」とか「幽魂」「怨霊」であり、「幽霊」の呼称は、世阿弥の発明ではなかったかという新説を提示しており興味深い。

平安時代に、怨霊の普及が御霊という表現に統一されたことにより、広い意味での御霊《みたま》の概念が、もっぱら怨霊でかつ悪霊と理解されるに至った経緯からみて、死霊、亡霊が幽霊に統一される必然性があったのだとすれば、そこにいかなる意図が働いたのかということになる。たしかに田代が指摘しているように、私たちが現在「幽霊」というのは、「恨めしや」の権化として出現し、その恨みをはらすために祟りを表す恐ろしい存在と認識されているわけだから、世阿弥の表現による「幽霊」もまたそのように描かれているという先入観をもってしまっている。

だがはたして、「幽霊」の前景として怨霊やもののけが位置づけられるかどうかという疑問から解いていかねばならない。田代は『夢幻能』で幽霊論を展開し、世阿弥以前の「幽霊」を「前期幽霊」と規定している。そしてこの幽霊は、怨念や怨恨をもたない死者の霊魂だと指摘した。たしかに危害を加えたり祟りを発現するような意図がないわけだから、かれらの出現に対して恐怖の念はいだかれない。すなわち「恐くない幽霊」が夢幻能の舞台に現出しているのである。幽霊は恐ろしいものではないという認識があって夢幻能が成立したといえる。それは世阿弥の夢幻能において可能な霊力空間であると、田代は力説している。「古代の幽霊と近世の幽霊との間に、いわば端境期の自由空間にほんの一時期に現れたちっとも怖くない新型の幽霊は、ほとんど世阿弥一代で消滅した」という田代の指摘は興味深いが、はたして世阿弥一代で消滅してしまったのかどうかという点についていささか疑念をもつ。

次に日本神話に表現されている殯《もがり》の場面で注意できる記事がある。それは天稚彦《あめわかひこ》に関する内容で、『日本書紀』巻二によると、天稚彦の死の直後、直ちに喪屋《もや》が作られ、殯が行われた。その時の模様は鳥たちに尸者《しじや》や持帚者《そうしや》などの葬儀の役が指定されたよく知られた記事である。八日八夜の通夜が行われている最中に、天稚彦の生前そのままのアジスキタカヒコネノカミが出現する。天稚彦の家族たちは「吾君は猶《な》ほ在《ま》しましけり」と、アジスキタカヒコネノカミにとりすがって喜び合った。アジスキタカヒコネノカミは、その有様に怒って自分は友人の弔問に来たのに、どうして「我を亡者に誤つ」と叫び、剣で喪屋を切り倒してしまったというのである。

またイザナミノミコトが死んで殯が行われている最中に、夫のイザナギノミコトが訪れる。するとイザナミは生前の姿のままで出迎え、その場で夫妻はともに語り合った。その後イザナミは、自分をみないでくれといい残して姿を隠した。周辺は闇に包まれたのでイザナギは火をともしてあたりをみると、イザナミは張満太高の姿となり、八色の雷公がその上にいた。これは、イザナミが死後腐敗している様子を描写したものである。

この二つの殯の記事は、とくに死後、死者が生前の姿でこの世にいったん出現してくることを示すものではなかろうか。殯には、遺骸の前で多くの参列者が歌舞飲食し、死霊の甦りを果たそうという意図があった。前出の尸者は死者の枕許《もと》に生者に扮《ふん》した姿で座り、食事を死者に代わって食べることを象徴している。アジスキタカヒコネが、遺族にみまちがわれたことや、イザナミが生前の姿で出現したというのも、別の見方からすると、殯の霊力空間に世阿弥のいう「幽霊」が出現したことを意味するのではなかろうか。

記紀の記事からモデルを抽出することには、問題があるが、ここに描写されているのは、いわゆる「恐くない幽霊」であり、生者にとって大いに歓迎されている。遺族にとっては、生きたままの姿で、殯すなわち葬儀に現れてくる死者の姿は、まだあの世へ行く以前の生霊《いきりょう》の憑依《ひょうい》した存在とみなされていたのであろう。しかしそれは時間的には束の間のシーンである。アジスキタカヒコネの姿を借りた天稚彦もイザナミも、生者であることを否定され、穢《けが》れたイメージに押し込まれて、他界の存在に追いやられてしまうのである。

仮に夢幻能の舞台が超自然的空間に指定されていたとするなら、他界から現世に死霊が還《かえ》されることは可能といえよう。とくに恨みをいだいて出現するというのではなく、必要に応じて、こちらの世界と往来することは認められていたのであり、世阿弥は、それをしっかりと具象化したことになる。

2 寄席の中の幽霊

能と比較するには、いささか不適切と思われるかもしれないが、近世に成立した寄席という場面で語られる落語の内容に注目してみたい。というのは、話芸以前の段階で、語りの要素の中にイメージとしての「幽霊」にまつわるものがあり、いわゆるそれが怪談噺《ばなし》として構成されているからである。

一例をあげてみると、有名な「らくだ」。あだ名がらくだという大酒呑《の》みの大男がいた。このらくだはふぐにあたって死んでしまった。友だちが死骸を処理する羽目となり、そこへ「くず屋」が登場して、二人がかりで長屋で葬儀を行うことになる。この「くず屋」が主役であり、香典などを集めにかかる。その折にらくだの死骸にかんかんのう（看々踊）を踊らせる。これは当時はやっていた異人たちの踊りで長崎出島から江戸に伝わったという。要するに死者が生者と同様のスタイルで踊るという場面がある。

さて次に遺骸を樽におさめるが、その前に湯灌《ゆかん》して遺体を清める作業があり、「くず屋」が行う。頭髪をかみそりで切り、坊主頭にした上で四斗樽に押し込み、「くず屋」は同じ仲間の友だちのいる火葬場（火屋）に運ぶことになる。江戸の火屋は当時落合にあり、途中姿見橋を渡るが、その際橋のたもとに遺骸を落としてしまい、それに気づき、あわてて探しまわるが、今度は橋の下に寝ていた願人坊主《がんにんぼうず》を遺骸と間違えて樽の中に入れてしまう。願人坊主は途中眠りからさめるが、相手は気づかない。火屋で樽ごと燃やしたところ、願人坊主がとび起きてくる。「ここは、日本一の火屋だ」「ああ冷酒《ひや》でもいいからもう一杯」がオチになっている。この間らくだはまず「かんかんのう」を生きているのと同様に踊る。また願人坊主の姿で甦ってくる。かつての殯とまではいかないが、この落語長屋の人々は、死者のらくだを生者のように扱っている。

興味深いのは、この葬儀を司《つかさど》ったのが「くず屋」だったことである。彼はたしかにくずを収拾に来たが、らくだの遺骸の処理に一貫してイニシアチヴをとっていた。かんかんのうを踊らせ、湯灌をして、遺骸の髪をそった。野辺送りで棺をかつぎ、火屋には自分の仲間がいて、火葬を行った。

「野ざらし」も古典落語の代表である。向島という江戸市民にとっては川向こうの異界の地で野ざらしの人骨をみつけた隠居が手向けの句を詠んでから、酒をかけて供養してやったところ、その夜人骨の前身だった女の幽霊が訪ねてくる。それを聞いた八五郎が、その真似をして、女の幽霊に会おうとして大失敗する。その際、その場面を展開させるのが幇間《ほうかん》すなわち太鼓持ちであった。当時浅草の雷門から南千住に行く途中に「新町」があり、そこに「太鼓屋」が多く住んでいたという。太鼓の皮は馬の皮で作られていたのである。野ざらしの人骨は美女の姿ではなく、「新朝という幇間」＝「新町の太鼓」をオチにしているが、人骨に憑依する幽霊、人骨を処理する幇間という関係が浮かんでいる。いわば遺骸を処理する職人が落語に主役として登場していることが興味深い。

「三年目」という話では、仲の良い夫婦が登場し、女房が早死にする。死ぬ前に亭主は後妻をもらわないつもりだが、もし再婚するときは、婚礼の晩に幽霊となって出てくれと約束させる。結局、後妻をもらうことになったが、婚礼の晩になっても女房の幽霊は出てこない。やがて子供も生まれ、三年目になるが、法事の晩になってやっと出てくる。亭主がなぜもっと早く出てこなかったのかとなじると、死骸になったとき、坊主頭にさせられてしまったので、毛がはえそろうのに三年かかったというのである。「らくだ」の場合は、死後そっくりの姿で、もちろん恐怖の対象とはなっていない。「野ざらし」の人骨の幽霊もマッサージしてくれるほどだから、やはり恐ろしくはない。この「三年目」にしても亭主の背信を恨むより、生前の姿で出現したいという気持ちの方が強調されている。「三年目」は上方では「茶漬幽霊」という演目になっており、幽霊は白昼出現することになっているくらいだから、「四谷怪談」のお岩さんのようなイメージが全くないのである。

落語は笑いを誘うことを目的とするのであるから、内容はパロディ化されていて、怖くはないといえばそうであるが、寄席では本来ロウソクの灯りで夜怪談を聞き、最後はロウソクの芯をうって、それをとる。いわゆるしん打ちとかとりのルーツが、いわば百物語のように神秘空間を現出させるところにあったとするならば、そこで語られた幽霊のイメージに、本来の「怖くない幽霊」が隠されていたといえるかもしれない。田代慶一郎説に刺激を受け、「幽霊」概念を日本演劇史の上で再検討する必要があるように思える。

第三章　都市と妖怪

一　都市の怪異

1　辻と交差点のトポス

妖怪《ようかい》の出現にあたっては、その場所性というものが、強く影響していることはこれまでも指摘されてきた。具体的には、三辻とか四辻といった道が交差する地点あるいは橋のたもとであるとか、橋の中間部、坂の頂上とか、坂の中途などに独特な境界がある。それは私たちが無意識のうちに伝えている民間伝承の累積として定着している民俗空間の中に位置づけられている。

たとえば、静岡市の繁華街を形成している浅間神社界隈《かいわい》の民俗聞き書きによると、周辺の農村部の人々がマチへ出てくる時に、ちょうど二つの空間の境界を通過するプロセスで独特な境にいる気分を味わったという。それはマチへやってきたという「境の気分」であり、ある種の心理的高揚を味わうという。そうした地点は景観的には、坂下の切り通しのような場所である。徒歩でなくてバスに乗って坂を下りる時などに急にマチへ来たという高揚した気分になったというが、一方その場所には古くから幽霊や狂女が出てくるという噂《うわさ》が広まったりしていた。あるいは狐にだまされやすい場所ともいわれたりしていた。

かつての駿府《すんぷ》として知られる静岡市には、中世、今川氏の居館の正門として、四本の脚柱をもつ「四足門」に由来する四足町の地名がある。それが大正四年に中町に改称されたが、その立地条件は辻といえる空間であった。中心は「四つ足天神」「国府道天神」という境の神の祭場なのである。その辻には次のようなフォークロアがあった。

かつては頭の毛をバリカンなどで刈ってもらうと、その毛はかならずその辻へ捨てに行ったというのである。そこで大勢の人に踏まれると、良い毛がはえるといった。髪の毛を別の場所、たとえば畑などに捨てたりすると、大根に毛がささるといって嫌がられたという。また、犬が死んだ際には、薄明の夕暮れ時に辻の一隅に埋めていた。人に知られないように、五十センチほど掘ってから埋めたという記録もある。この場合、辻に動物の死体を埋めることによって、死の穢《けが》れを除去しようとする心意が認められる。この辻の近辺には、狸や魔物が出没するという伝承もあった。また、静岡市内にある今川義元の首塚伝説や由井正雪の首塚など御霊信仰にまつわる塚がいずれもマチの周縁部の境界地点に祀《まつ》られている。現在もそこは寺院が密集している寺町であり、川辺にあたっている。

最近の都会の若者たちの間で語られている怪談に次のようなものがある。バイクに乗った男が、近道の坂の途中で、「乗せてって」という女の声を聞く。男がそれを断り走っていくと、女が追いかけてくる。急いで逃げてほっとしていると思わずハンドルを切りそこねて事故死してしまう。高速道路を走行中であったりする。ともに境界を通過する最中に、超自然的な何かに接触することによって生じた凶運を語っている。

十四、五年前、四国の高知市内のホテルに泊まった折、近くに交差点があった。ホテル内のバーで飲んでいたら、その交差点を通るとき、どこか決まった所でよく交通事故が起こるという話を耳にした。そして、そのことがあらかじめ分かるという女の拝み屋さんがいた。交差点のどの地点と定まっているのが不思議だった。たまたまその女行者は、明日の午後あたりにまた交通事故が起こりそうだといっているという。しかしそう簡単にはあたるまいと友人たちと酒飲み話で笑って過ごしたのである。翌日そのことをすっかり忘れて旅立ったが、後日地元の知人が手紙で、やはり予言どおりその日の午後三時過ぎ頃に、その地点で事故が起こったと知らせてきた。

交差点で交通事故が起こりやすいのは、車がターンするときに、運転手の死角の中に、自転車や人が入ってしまうためといわれている。しかし、視野に入っていないという物理的な説明だけで納得できない部分もある。つまり、そこが辻だからなのである。交差点は往来する者同士が出会いがしらにぶつかりやすい境界なのであり、出会いがしらという言葉の通りで交差点の辻にさしかかると人々は緊張せざるを得ない。

江戸時代に書かれた『近代世事談』巻五には、そもそも「辻占い」が起こったのは現在の堺市であるとしている。これは地名伝説でもある。すなわち堺の地に、「市の町」と「湯屋の町」があり、その大路の辻を「占いの辻」といった。この「占いの辻」は、ちょうど摂津国と和泉《いずみ》国の境界にあたっており、南と北の分岐点でもある。「古安倍晴明此の所を過《よぎ》りて、後世のためにと占の書を埋めたりといひ伝へ、此の辻に出て吉凶を占ふに違ふ事なし」と記されている。すなわち辻占いの起源は、かつて安倍晴明が摂津の国と和泉の国の境にあたる辻で占いをして、その地点に占いの書を埋めたところから始まったというのである。

『倭訓栞《わくんのしおり》』には、「万葉集に、夕占、夜占、などと読めり」とある。「その方法は、十字路に出てきて、黄楊《つげ》の櫛をとって、道祖神を念じて、ここへくる人の言葉をもって吉凶を、占い定むといえり」と記され、そしてなぜ、黄楊の櫛を使うのかというと、ツゲが、「告げる」という意味とつながっているからだという。またなぜ櫛を使うのかというと、櫛は霊魂の乗り移る呪具であり、櫛を使って占いをし、託宣を聞くという形式であったからと説明している。

「道祖神を念じて」とあるが、これは境の神である。つまり、境にいる神に託宣を求めるという考え方がある。道祖神が夕暮れ時に辻にいて託宣をするという考え方があるところをみると、本来の占いは、どこでもいいというわけではなく、「あの世」と「この世」の境にあたる場所が最も適当だと考えられていたことは明らかである。その地点にいろいろな霊魂がより集まってきて、とくに霊力の強い道祖神が、そこを管轄しているわけであって、その部分はいわば隠れた境界でもある。

よくお化けが出る場所というと、橋のたもとに立っている柳の木の下だなどという。なぜ橋のたもとなのだろうかというと、前述したようにその空間が辻であるからということになる。柳の木の下に出るのはなぜだろうか。これは多分、櫛を辻にもってきて占いをしたという発想と同じであろう。柳の木が神霊の憑依《ひょうい》しやすい形状をしていると人々が考えていたために、橋の上とか、辻を通過するときに、そうした道の脇や橋のたもとに目印があったことになる。橋のたもとの柳の木が発現してくる霊の依代《よりしろ》となっているのである。そしてとくに霊が憑依しやすい女性が、こうした空間を通過する時には、自分の知覚を超えて何かが働きかけてくるのかもしれない。女の幽霊がそこに出てくる図像が描かれやすいことにも関わっている。

次の話は「渡し」に起こったフォークロアである。川に橋が架かる以前は渡しであった。渡しが唯一の交通路になる道が多かったのである。舟で川を渡るのは、橋の上を通過するとか、辻を通過する時と同じように危険な境界を通過することになる。そしてこのことが辻のフォークロアとして語られてくる。『譚海《たんかい》』には次のような話が載せられている。

江戸は本所の逆井《さかい》の渡しで、猿廻しと侍とが同じ舟に乗った。川の途中で猿が侍の腕をひっかいたので、侍は怒って猿を打ち殺そうとした。舟中の人々は猿の味方をしてこぞってわびた。しかし侍はそれを許さないで猿を殺そうとした。やむを得ず、猿廻しは猿を差し出そうとした。猿廻しが猿を放す時は綱を切るという作法があった。猿廻しは泣き泣き綱を切って侍に渡した。侍がその綱を引き取ったとたんに、猿は突然、その侍ののどにくらいついてはなさない。深くくい入ったのでのど笛はくい破られ、侍はあえなく息絶えてしまった。人々はあれよあれよと驚き騒いだが、その間に猿は自ら川の深みに身を投げて死んでしまったという。

この事件は江戸時代に渡しで起こった猿による殺人事件なのである。これは日常的には考えられない出来事として語られている。つまり渡しが危険な境界であることを示している。ふつうならば起こり得ないことがこの渡しの空間で起こったのである。辻とか、橋の上とかを通過する時の心意には非日常的な部分が働いていることが示されている。橋の周辺に生じた幽霊話、現代の坂や高速道路で起こる原因不明の交通事故などはいずれも辻に起こる怪異として共通している心意によるものであろう。

2 騒ぐ霊の跳梁

私は学校の怪談に類似する話として、江戸時代の都市伝説「池袋の女」に注目したことがある。これはポルターガイストを含めた若い女性（武家屋敷に奉公する農村出身の女性）の霊力と都市化の観点で、都市伝説として語られていることに興味をもった。屋敷奉公をしている若い女が、一定の土地や屋敷とつながりをもって、語られている。つまり土地霊とか家に籠っている霊を引き出す役割を若い女が行っていることになる。江戸時代の末によく知られた「池袋の女」という話はその典型例なのである。旗本の家に、一人の女中を媒介にして大騒動が生じた。たとえば、川柳などで「下女が部屋震動こいつ池袋」というように、若い女のいる空間で、物凄い騒音が起きる。最初は、投石や家鳴りがあり、震動するのである。そしてその女は、江戸周縁の池袋村出身の若い女であるという説明がついている。

池袋は、いまでは東京の副都心の一つになっているが、江戸時代には江戸郊外の農村であった。そこはちょうど市街地の外れにあたる境界領域であった。

その村の百姓の娘が大都会である江戸の町の中に出てきて勤めた。ところが娘は都会の若者に犯される。その直後に異常な震動が起こった。それは、「石打ち」というもので、石が雨霰《あられ》と落ちてくる。屋根に穴があいたり、破れたりした状態になる。次に家の中にある道具類が、空中を飛んだり跳ねたりする。騒音とともにお皿とか鉢とかお膳とか茶碗とかが、家じゅう飛び回る状態になった。

家の主人は修験者に祈禱《きとう》をしてもらうが、少しも鎮まらない。ご飯を炊いていると、釜の蓋《ふた》がふわっと浮いてしまい、飯の中に火が入ってしまう。味噌《みそ》汁を作っていると、天井から大きな土の塊が飛んできて、お鍋の中に入り、汁が溢《あふ》れて、食べられなくなってしまう。だいたい三日間ぐらいそういう状況が続いた。しかし隣りの家にはそれが起こっていない。その家一軒だけの現象である。古老の指摘により雇っている下女の出身地を尋ねると、「池袋の女」であることが分かる。若い女は直ちに暇をつかわされた。すると不思議なことに、彼女が一歩家の外に出ると家鳴り震動がぴたりと止まってしまった。そういえばその女は家じゅうが騒いでいるとき、悠々と熟睡していたということが分かる。当時の人々はそれを狐つきだと考えた。若い女に狐がついていて、そういう現象を起こしたに違いないというのである。また池袋村の氏神が、自分の氏子である娘が他所の若者に奪われてしまったことに対して、怒って祟りを示したのだという解釈もあった。貧しい近郊農村出身の娘が大都会に行って生活しているうちに、自分の一生のうちで衝撃的な事件が起こった時に、この不思議な力が出てきたのであった。

中世都市の話題であるが、『古今著聞集《ここんちょもんじゅう》』に次のような話がある。京都の御所の周辺を歩いていると、突然石がぽんぽん飛んできたけれどその原因は分からない。当時人々は狸《たぬき》の仕業だろうと考えていた。『閑際筆記』下によると、「人家無レ故而瓦礫外ヨリ飛来ル、俗ニ之ヲ天狗礫ト謂フ」とし、京都三条右府白川之亭にこのことがあったと記している。一人の男が近所の村を狩して、狐狸を多数捕らえ殺したところ、その後飛礫《つぶて》が止んでしまったとある。この飛礫の原因についても、狐狸の仕業と考えられていた。

江戸の話に、「東武ノ士人ノ家ニ、夜々飛礫月ヲ踰《こ》エテ不レ輟《と》」とある。数人の者

『稲生物怪録』葛籠《つづら》の化けた蟇（『百物語絵巻』林熊太郎画
湯本豪一記念日本妖怪博物館（三次もののけミュージアム）蔵）

が隠れてその原因を探ろうとした。すると何物かが門前を通り過ぎたとたんに飛礫が飛んできた。人々がその何物かにとびかかり押さえこむと、これが実は山伏であったという。「相識ル所ノ山伏其ノ家ニ以テ怪物有ルガ為ニ、己ガ祈禱ヲセシメント欲シテ然リ」と記している。飛礫を投げたのは山伏の仕業であることが分かったとしている。

また『稲生《いのう》物怪録《もののけろく》』には化け物屋敷の話が豊富に使われている。家鳴り震動をはじめ、家の中を道具が飛んだり跳ねたりしている様子が描かれている。道具が空中を飛び回るということは「付喪《つくも》神《がみ》」とも関係する。つくも神は、古い道具の霊であった。年を経た古道具類が空中を飛んだり跳ねたりして、かつ不思議な物音を立てるのである。

『新著聞集』奇怪篇に記載されている事例は「大坂立売堀中橋町、玉置字兵衛といふ者の借店に檜物屋あり、承応年中のある月の六つ時に震動しばしばして、後海土とおぼしき土二十荷程、何国ともなく台所の真中に涌出たり、人々寄合ひ裏なる空地へかきのけしが、又五つ時分に右の分量ほど出現しけり、やゝしばし程は天井の方よりすこしづゝ粉土ふりし、相店に姿のありしが六つ前に布衣《ゆかた》のごとくなる物一つ何地ともなく飛来りて、檜物やのやねにおちしと見えしと語りけるとなり」というもので、土中や天井から砂が噴出してきたといい、その時刻は明け方か暮れ方の六つ時前後ということになっている。

柳田國男はこうしたフォークロアについて東京近郊に異常な心理が発生したと説明している。これは恐らく都市化現象と関係する。とくに都市化していく空間において若い女性の示す精神作用が、こうした不思議な力を起こしているとみられている。

それはまた人類文化に共通するポルターガイストにも通じている。

この問題は、すべてポルターガイストとして解釈してしまえば済む問題ではない。霊の出現が我々の世界にいろいろな形でメッセージを送っている。霊的な力が、顕在化するときに我々の想像を超える物理的な力が働いている可能性がある。そのことを潜在的に意識しているが故にこういう怪談がくり返され伝えられていくのであろう。

　この問題で、重要なのはこの現象が大都会にしばしば生じているということである。そのことは柳田國男が都会に異常心理が働いていると指摘したことに通ずるものである。

3　己が命の早使ひ

　若者の間でベストセラーになっているモダンホラーに鈴木光司の「リング」シリーズがある。メディアを媒介にした恐怖の伝染あるいは増殖という現象が興味深い。

　物語の発端は、四人の少年少女たちの謎の突然死にはじまる。四人とも同じ日の同時刻に心不全で死ぬ。死んだ少女の叔父《おじ》である主人公が原因を調べるうちに、それを見た人間が一週間後に死ぬという予言をもったビデオ・テープの内容を実際に見てしまった。そのテープの末尾には死を避けるための方法が描かれているはずなのに、その部分が消されてしまっている。一週間以内に死を回避する方法を見つけることができるかどうかということになる。このホラー小説のポイントは主人公がはたして一週間のタイムリミットのあいだに、死なないで済むかどうかという点である。ビデオにある死の運命を避ける手段は謎の部分になっており、その解釈がストーリーの筋となる。

この単純なストーリーに恐怖を味わわせているのは、サスペンスの核の部分に、原初的な恐怖感情に触れる部分がインプットされているからであろう。恐怖の伏線となっているのは、将来を予告する透視術や千里眼、それにからまる怨霊の復活であり、道具立てには、古井戸の水底、女の黒髪等々がある。新味を与えているのが、死のウイルスを保持するというビデオ・テープであり、この画面のどこかに秘められた死を引き起こす要因がある。

死の運命を予告するビデオが、本人の知らぬ間に転々としていくという暗示が現実化するということであり、これは現代人の唐突な死の到来ということについても、運命の糸に操られていることを示唆している。そのことに対し現代人はいつもおびえているから「リング」のように死を招くウイルスを秘めたビデオが何気なく手渡され、その神秘の画面をついつい見てしまったという設定はごく自然に受けとめられたのであろう。

ところで、柳田國男が注目した「己が命の早使ひ」という恐怖譚がある(「妖怪談義」)。『遠野物語』に載せられた文である。一人の美女に手紙をある所に届けてくれと頼まれた無筆の男がいる。手紙をもっていく途中で山伏に出会う。その山伏は手紙を開けるようにいう。山伏は中を見て男にこの手紙を持参するとお前の命がなくなるので、中身を書き直してやるといって、別の手紙を書いて男に渡した。男は先方に行き、女に手紙を渡した。女は読んでから御礼として、欲しい物がある時に回すと何でも出てくるという石臼を男に渡す。その石臼のお蔭《かげ》で男は大金持ちになったというのである。はじめ手渡された手紙は男の死を予告していたのであり、自分の死を早める運命の手紙をうっかり持参するという日常的なホラー話である。

実はこの話には類型性がある。女性に預けられた手紙をうっかり開けたらば、その中に「この男を殺せ」と書いてあったので、書きかえて「決して殺してはならぬ」と改めたという例がある。このシーンは橋の上で起こっているという暗示めいた筋もある。橋のたもとや橋の上で死の運命が転換する。また坂の上の出来事というのもある。一人の馬方がやはり一人の女性に手紙をことづかる。中には「馬牽男の腸　一具右差し進じ候事」とある。つまりその男の内臓をさし上げるという内容だ。一方、預けられた手紙を無断で開封したことがばれてしまい、ひどい目にあった話もある。

柳田はこうした話のルーツは中国にあり、とくに道教の影響ではないかという。しかし、何のためにつくられて、かつ日本人がこの話を流布させているのか不明だと述べている。それは「とても明らかにする事の出来ない人類の秘密で、妖怪研究の妙味も、結局する処、右の如き神韻《しんいん》縹渺《ひょうびょう》の間に行かなければならないのかと思ふと、やはり宇宙第一の不思議は、人間その物であるといはねばならぬ」としめくくっている。

「己が命の早使ひ」という通り、その手紙には本人の死の予知が記されているにもかかわらず、本人はそのことをまったく知らないという恐怖が秘められている。

「己が命の早使ひ」ほどの緊迫感はないが、やはり二十年ほど前に「幸福の手紙」が流行した。これは、ある者が友人に手紙を出す。定まった文章があり、それを受け取った者は他人に同じ言葉を使った手紙を送らなければならない。これを幸福の手紙としたのは裏の作為による。手紙によって不幸のリングが次々と増殖していく。もし手紙を途中で中断させると、手紙を出しそびれた者に不幸が訪れるという。それは予期せぬ死なのかもしれず、人々は災難から逃れるために、手紙が途切れることがないようにリンクする幸福の手紙を書きつづけることになる。

　映画の「リング」シリーズでは、呪いや祟りのおどろおどろしい世界とは別に、一種の科学信仰というべき超能力実験を結びつけていることが、いわば若者の好みにマッチしている。ウイルスの伝染のモチーフは、明らかにＨＩＶやエボラ出血熱の病原菌である。そうしたウイルスの伝染となれば、現代の読者は納得する。それがビデオの中に汚染しているというのが、次々と人手に渡る日常的にありがちな伝染経路と一致する。

曖昧《あいまい》なままにリングが増殖していくあいだに、「呪いのビデオ」の謎解きがはじまる。かつて恨みをのんで死んだ女予言者の遺骨にこめられた怨霊の復活がある。そして実際に「呪いのビデオ」をうっかり見た女子高生に、ビデオに対抗する超能力が動き出してくる。超能力の女予言者貞子の呪いが個人次元からだんだんと波及して社会性を帯び、そこに噂話が発生して現実化してくる。たとえば「深夜番組を見ていると、TV画面に怖い女が出て来て『お前は一週間後に死ぬ』っていう」と語られ、また「『呪いのビデオ』には助かる方法があって一週間以内にビデオをダビングして他の人に見せればいいんだって」そして、「いつの間にか部屋にあるんだって。それが何ビデオかは見れば分かるらしい。友だちが持ってるんだ」などといったものである（『リング2　恐怖増幅マガジン』角川書店）。呪いのビデオに関する噂が伝播していくうちに次々と変化していくが、死に至る運命だけは回避する仕組みになっている。呪いのビデオの汚染を防ぐ手段を見つけ出すことに焦点が置かれている。メディアが媒介することによって、リング自体の輪も断ち切れるという予定調和説がうかがえるのであり、読者は安心しつつも、常に死の運命におびえるという構成である。

4 「見えないケガレ」の伝染

ケガレがウィルスのように伝染していく様子を社会化した『延喜式』觸穢條にも、そうした恐怖感が広がる原型が求められる。

それは死穢と表現されるものであり、『延喜式』には、とりわけ死穢によって発生した穢気の伝染についての詳しい規定がなされている。その一つに、一般に「甲乙丙の三転の忌《い》み」といわれるものがあった。甲は死者が安置される喪家にあたる。乙なる者が甲の所に入った場合、乙および乙と同じ家の者たちはすべて穢気の対象となるという。次に丙が乙の所に入った場合、丙一人だけが穢《けが》れの状況となる。そして丙の家の他の家人は、穢れにはかからないとしている。これらを二転目の穢、三転目の穢とみなして、その間に死穢の及んでいる期間に長短があった。つまり甲がかかっている穢れは三十日間、乙は二転目で二十日間、丙は三転目で十日間とされるのがふつうであった。こうした規定は「触死穢」に対する恐怖感の裏返しといえるだろう。

嘉承二年(一一〇七)正月三十日に、尾張国(愛知県西部)から死人骸骨が運ばれてきた。そして兵衛尉《ひょうえのじょう》家季の京宅に置かれた。その間家季の家の者たちがあちこち出歩くことがあった。そのため「近日世間丙穢遍満云々」（近日世間に丙の穢れがあたりの空間にみなぎる）という状態になったという。つまりそこに三転目の穢れが生じたこととなる。次々と穢気が伝染していったのである。

この法令には、明らかに穢れの恐怖感が働いている。それはウイルスのビデオの伝播と同様であり、ケガレは時空間を伝染する無意識のウイルスなのである。

ケガレの現象には「見えるケガレ」と「見えないケガレ」とがある。「見えないケガレ」は表面的には現れてこない意識下の恐怖感であり、「気離《けが》れ」といえる。「見えるケガレ」の方は直接眼に見える汚いものの現象をさしている。「見えるケガレ」にたいしては、ただちにこれを除こうとする意識が働く。一方、「見えないケガレ」については、表面でとらえられていないが、なんとなく気が離れている状況におちいっていることが確認されてくると、潜在意識の中で、そうした状況をなくそうという働きが出てくる。

ところで、エンガチョとよばれる伝統的な遊びがある。子供が犬の糞《ふん》や猫の死体などを道でうっかり踏んだり、学校の便所の床に触れたりすると、エンガチョになる。仲間の子供がそれに気づくと、「○○チャンはエンガチョ」とはやし立てられる。そして子供たちは自分たちにエンガチョが感染しないように指でカギを作り、「エンガチョしめた」と叫ぶ。

エンガチョとされた子供は、誰かにそれをつけてしまえばエンガチョでなくなるので、指のカギをまだ作っていない子やカギをはなしている子をねらってパッと触る。そして「エンガチョつけた」と叫んでエンガチョでないことを宣言するのである。

「エンガチョは触るとその人にキンがうつって、他の人に伝わる。キンには、オトコキン、オンナキン、ハゲキン（禿《はげ》の先生がキンをもっている）、ゲボ（ものを吐いた）のときのキン、トイレキン（男で大便所に入って鍵をしめた→用便をしたのできたない）、絶交キン（友人と絶交したとき）などがある。みんながバリヤーをしているとエンガチョのキンがつけられない（後略）」という（京馬伸子「子どもとケガレを考える(一)――エンガチョを中心に――」「民俗」第百三十四号）。

この説明をみると、『延喜式』觸穢の條をほうふつとさせる。エンガチョと称されるケガレは空間を通して伝染していくという気持ちが今も昔も変わりなく指摘できる。キンはばい菌のことで、近代用語であるが、ケガレに対応する不浄であり、そのきたない内容は、犬や馬、牛の糞、はなくそ、ゲロ、血などのほか、給食を食べているときにはねたおかず、どぶに落ちた子、学校で用便した子、机のまわりがごみだらけの子など、いずれも子供の想像力が働き、ケガレの性格をよく表現している。

ところで、見えないケガレの背後に、ある種の霊力の存在をよみとることができる。見えないケガレには特別の力が働いており、そうしたケガレを排除する行為の基本には常にそのことが意識されている。「見えないケガレ」がテープに込められたウイルスといえるのではなかろうか。そこにいい知れぬ恐怖の力がうごめいているのである。

そしてケガレにたいして排除する力が強く働けば、それに対抗する力が現れてくるとみてよい。その力を発見するために「リング」が増殖していくことをメディアが介在して操作しているのである。

現代都市の生活空間に発生した怪異をテーマにするフォークロアを具体例をあげて考えてきた。消えた乗客、学校の怪談、そして「リング」のモチーフなどは、共通して、日本が近代化をおしすすめる二〇世紀に入ってから都市を中心に発生、展開した。しかし、その根にあたるモチーフは「池袋の女」にみるような、女性の隠れた霊力に関する民俗信仰にもとづいている。女の霊力によるメッセージは、都市の病める精神の回復を促していることになり、それを発見する妖怪研究が今後も必要になってくるのである。

二　東京の魔所

1　境界の場所と時間

現代の逢魔《おうま》が時を主として東京の魔所にみながら、逢魔が時という時間と魔所という空間、いずれも特定された時間と空間を通して、別の世界に入り込む場所が我々の周辺にフォークロアとして伝えられているということを説明したい。

東京は、究極の大都市である。古い伝統と新しい文化創造とが入り混じって魅力的な都市といわれている。東京ブームが、数年来、続いている。異界という問題を都市空間の中から見出す作業は、人間の知的な営みとして、ごく自然のことである。私たちには無意識のうちに、魔所というか、異界と出くわすような時とか場所にこだわり、何とかそれを捉《とら》えていこうとする営みがある。

たとえば、昭和六十一年（一九八六）八月十二日の「熊本日日新聞」で、熊本の若い女性たちがいろいろなお化け話を語っている。時期はちょうど八月のお盆頃で、何となくそうした話をみんなが話したがる時期である。お盆のシーズンには、「地獄の釜の蓋が開く」という言い伝えもある。ちょうどヨーロッパのハロウィンと同じように、あの世から、いろいろなものが甦ってくる時期である。その時期をめぐっていくつかの記事があり、その中にさまざまなヒントがある。

熊本市の一人の女性の話。「昨年のお盆の頃に、これはTさんという方ですが、営業のために鹿児島の方をまわっていたそうです。たまたま店の商談が早く終わって、泊まるはずだったのが帰ることになりました。夜、雨がしとしとと降り続く中を車で走っていました。目の前に仔猫が飛び込んできて、あっという間に轢《ひ》いてしまいました。Tさんは悪いと思いながらも、雨に濡れたくなかったのでそのまま走ってきたそうです。すると車一台通らぬ峠道で後ろから何か追いかけてくるんだそうです。バックミラーを見ると、なんと仔猫をくわえた親猫がどんどん近づいてくるのです。Tさんは恐ろしくなって、死にものぐるいで山道を下りました。それでも猫が後ろについてきました。やっとの思いで村に辿《たど》り着きました。明るい交差点で後ろを振り返ると、なんとクロネコヤマトの宅急便の車が後ろにいたそうです」

これだけでは笑い話のように思うけれども、雨がしとしと降る中を走っている時間帯が、ちょうど夕暮れ時である。雨が降る中で、仔猫を轢き殺した、これがちょうど、山から里に下りていくところの坂道であった。一生懸命逃げて、交差点で後ろを振り返ると、クロネコの宅急便車が見えた。化け物話としてちゃんと要所要所を踏んでいる。つまりそれは逢魔が時だった。

江戸時代以来、明け六つ暮れ六つの午前六時前後と、夕方の六時前後、そういう時間に異界との接触が起きやすい。さらに坂道という、高所から低い所へ移行するプロセスで、トラブルが起こった。もう一つは、村の交差点で後ろを振り返るという点。他の所では気がつかなかったわけである。ところが交差点で後ろを振り返ったら、現在の世界がはっきりみえて、実はクロネコヤマトだったという。つまり、そのとき境界に位置していたことを示唆している。

次の話。「A子さんの彼氏は阿蘇山に向かってオートバイをとばしていた。山道を通っていくと、道の端の方に白い服を着た女の人が片手を挙げて立っていた。彼はことによって幽霊ではないかと思い、無視して通り過ぎたりしたら呪われると思い、速度を緩めて女に近づいた。すると女の人は彼の後ろの座席に座った。彼はぶるぶる震えながら、バイクをとばした。やっと頂上がみえた時、ふっと軽くなったと思ったら、女はどこにもいなかった。このことをA子に話し、今度はA子と二人で阿蘇山に行くことにした。二人乗りのオートバイでその場所にさしかかった時、二人の身体の間に生温かい風が通り過ぎたと思ったら、彼らはバイクごと横転して怪我をした。きっと幽霊がまたバイクに乗ろうとしたところ、A子がいて乗れなかったので、ひっくり返したのだろう」

　これもまったく同じパターンである。坂道で、幽霊の出る場所ということについて潜在意識があり、幽霊がその場所で乗ったということである。それから恋人がいたので、後ろではなく、二人の背中と胸の隙間に入った。二人の境界付近に入った。一瞬、通り抜ける幽霊がいたというわけである。

　次の話では、こうある。「おばさんと二人で薄暗くなった国道三号線を渡り、細い道を北へと行きました。右手には道より広い川がどんよりと流れています。人通りのない道を、おばさんと二人で、反物をもって隣り町まで行くところです。右手の流れる川を見た途端に、おばさん、と私が叫びました。川面に黒く大きな影が現れました。ひゃあと、おばが私の手をとるなり、足を速めました。川の草むらから川の半ばにかけて、大きな牛みたいな形の角のある黒い影が現れたのでした。落ち着いてから、おばさんが、ここは昔から、牛やら馬を殺した後、その血を洗う場所だったと、だから殺された牛の霊が川に映ったんじゃないか、と説明しました。恐いというよりも、なぜか哀れに思えたという夏の夕暮れ時でした」

これも夕暮れ時である。川のほとりで、向こう側に橋があって草むらがみえている、そういう場所で、牛のお化けのようなものに出くわしたという怪談である。みんな無意識のうちにそういうことを経験している時間と場所がある。

野口武彦のエッセイに「壁と谷の辺界」という表題で東京四谷のことが書いてある。小学校の時分に、いつも国電の四谷駅の階段が恐ろしかったという。不気味なものをいつも感じていたという。駅の階段から本当に幽霊が出ると信じていたというのである。四谷には有名な「四谷怪談」がある。四谷という場所を考えると、今も四ツ谷駅のプラットホームが面している切り立った崖があり、それが鮫ヶ《さめが》橋《はし》坂で、橋と坂がある。土地柄からいうと、湿地帯の谷間に入り、四谷というのは谷《やつ》という谷の奥まった場所である。水がじゅくじゅくと滲《し》み出てくるような場所に当たっている。

陣内秀信が、江戸・東京は洪積台地と沖積台地が入り組みながら激突した複雑な地形をもっていて、四谷界隈《かいわい》はその中でもとりわけ一つの──彼の言葉でいえば辺界、周辺の辺という意味である──壁と谷によって構成された湿潤地帯という場所であり、そういう場所から地霊というものを感ずるという。お岩さんの祀られているお岩稲荷をはじめ、土地霊に伴う何かがうごめいていくということを感じている。野口はインテリなのであえて意識的に捉えようとしているが、自然と人々の無意識の中に異界と遭遇する時間と場所を共通理解としてもっているといえる。

「13日の金曜日」という恐ろしい映画がかつてブームになった。アメリカ映画で、日本にはそういう十三という数字に関する西欧的伝統はない。十三人目のユダの裏切りとか、キリストが磔刑《たっけい》になった時が十三日の金曜日であったといった説があるが、このフォークロアが日本にも普及しているところが、日本文化の面白いところである。十三日の金曜日ともなると、迷信と称しながら、いろいろとあげつらう企画が

『四谷怪談　蛇山庵室』（歌川国芳画　国立歴史民俗博物館蔵）

ある。ある年の十二日木曜日の新聞は、航空会社の欠番座席を一覧表にして載せている。日本とヨーロッパ系の飛行機会社で、その十三日金曜日に乗る人々の座席について調べており、忌み嫌われる座席はあるという。成田空港を使用する三十三ヵ国、四十社の航空会社に対して十三番目の座席の有無についてのアンケートを行った結果、三分の二の航空会社では欠番としていることが分かった。

ヒンズー教徒の多いインド航空をはじめ、アジア・ヨーロッパの航空会社にも欠番が多いという。

一方、ノースウエストやデルタ、ユナイテッドというアメリカ系の会社は、十三番を欠番としてはいない。全然気にしていないグループである。アエロフロートや中国民航には、もちろん十三番はある。ルフトハンザとアリタリアは十七番と十三番を両方欠番させている。ドイツやイタリアのローマのホテルなどでは十七号室はない。お客を呼ぶ時も十七人は避ける。朝日新聞ローマ支局の社員が入居しているマンションも十七号室がないという。なぜ十七を嫌うのか尋ねると、アラブ諸国の迷信で、キリスト教系の迷信ではないという回答だった。なぜルフトハンザなどが十七を欠番にしているのか、よく分からない。

日本の場合は、前から知られているように四《し》という数字を嫌がる。これはごく一般的なものである。たとえば、全日空の国内線の古い飛行機の座席はいずれも十三番はあるけれども、四番はない。ところがボーイング七〇七やロッキード一〇一一は十三番が欠番になっている。もちろん、四と四十二と四十四と四十九も欠番になっている。ところが、日本エアシステムは十三番を欠番にしているものの、四番は欠番にしていないという。日本航空は、現在所有中の二機のボーイング七二七に十三番座席がないが、他の旅客機にはすべて十三がある。つまり全日空には十三がなく、四、四十二、四十四、四十九も欠番になっている。客観的にみると、死に伴う俗信を信じている。だから全日空に事故がないということにはならないが、要するに、発想の仕方は日本航空とは違うことが分かる。国際線に就航している限りは全体を見渡す必要があるので、あまり気にかけないと日本航空は解釈している。しかし、昭和六十年八月の事故があってから貨物用ジャンボ機を導入した際に、座席はないものの、初めて機内での安全祈願祭という神事を催したという。十三番座席は、アメリカの会社は皆使っているが、ノースウエストのスチュワーデスによると、十三番に座った乗客からの座席を替えてほしいという要望は皆無だそうだ。日本人ほどアメリカ人は気にしていないと話している。

たまたま、十三日の金曜日に行った留学生を含めた大学の授業で、「今日は十三日の金曜日だけれども」とアメリカ人に訊いたら、「どうして大学でそういうことが問題になるのか」と逆に質問を受けた。日本の女学生は「今日は十三日の金曜日だからデートしないで家に閉じ籠もる」といっていたが、感覚が違う。十三日の金曜日と、死に伴うごろ合わせの四についてキリスト教であろうと何であろうと、不吉な数字を避けようという雰囲気が日本文化の中にある。そこには別に違和感が生じない。それだけ、日本人が逢魔が時とか特定の空間に対して敏感な民族性をもっているということが分かる。

このようなことを気にし出すとやたら気になるが、一方で、気にしない人々は全然気にしない。アメリカ人の学生は、「十三日の金曜日はコロンブスがアメリカ大陸を発見した日で、そんなことを気にするのはおかしいんじゃないか」といい、「ホワイトハウスは六月十三日の金曜日に造った建物だ」といっている。日本人がそういうことを気にすることを疑問に思い、だから日本文化を研究したいという。そういう異文化理解の問題があるけれども、我々はたしかに忌み数字の存在を感じている。それは、祟りということと、深く関係しているのである。

祟りはタツという語からきている。漢字で書くと、出る、示すと書く。よく、間違えて「崇《あが》」めると書き、これをタタリと読む人もいる。タツというのは出現するということで、何かこの世のものでないものが現れてくることを祟りと称する。この祟りに対して、日本人はきわめて執着が深いといわれている。

祟りに関する問題について、民俗学はいろいろなデータを集めてきている。具体的に恐怖の対象にしていなくても、日常生活を営んでいる中で、無意識のうちに何か一定の時間や場所に規制されて何かが現れてくるだろうという予測は、我々の周辺に数多くみられる。これを探ってみるとどんなものがあるだろうか。空間を一定の時間に移動するときに敏感に感ずる場所と時間が、昔からあったらしい。これを、明確に意識できる人と、まったく感じない人と二通りあり、全国的な傾向も、昭和五十年代から六十年代以後、そういう世界を意識する人々がふつうの日本人らしい気質を示す結果となっている。つまり、非合理的なことを一切排除するという人々の数が次第に減ってきたわけである。

『妖怪の民俗学』（岩波書店）を書いた時に、たまたま富山大学で祟りの話をして、体験談を記すように注文したところ、三割ぐらいの学生の答案に金縛りにあったと書かれていた。金縛りというのは、要するに身動きできなくなることである。

熊本の中学三年生の女の子の話に次のようなものがあった。「デュラン・デュランが好きだったので天井にポスターを貼っていました。――天井に貼るところにそもそもこの女子生徒のそういう世界に対する感性がある――そして、そのポスターを勉強中にどうしても見たくなり、その真下に寝っ転がって、『サイモンさん、お元気ですか』っていう感じで見上げると、サイモンは怒っているといわんばかりの見幕で、怒鳴っている。『嘘だい』と思って、一度目をつぶってもう一度見ると、やっぱりサイモンどころか全員で声はしないけれども何か口をわあわあ動かして怒鳴っている。『あ、恐ろしい』、そう思った瞬間、身体が鉛のように重くなって、床がゼリーみたいになって身体がぬめぬめした中に沈んでゆく。『恐いよ、お母さん、助けて』と思ったら、パッと浮き上がったようで、元の状態に戻れた。それ以来、恐くてポスターははずして捨てた。デュラン・デュランと聞くだけで鳥肌が立つ。ポスターが動くことはないけど、今でも夜寝ていると身体がゆっくり落ちていく感覚が時々ある。気持ち悪い」。

女子生徒にふつうにみられる体験談であり、身体が鉛のように重くなって身動きできなくなる。思わず「お母さん」と叫んだという。もう少し若い人もあるが、だいたい中学三年から高校一年くらいの間に起こる。大学生くらいになってから思い出として金縛りを語ってくれたデータが多い。不動金縛りといって寝ている間に筋肉が硬直してしまう例は、医学的にも説明できる。成長期にある若者によく起こる現象とされる。

いろいろな怪異を体験したと思う人々が、富山大学の学生の中にも約三割近くあったということが面白い。こういう経験はどちらかというと女子学生の方に多かった。女性のもっている生理現象と関係があると思われる。あるいは独特なものであるというよりも、超自然的世界に結びつきやすい傾向が男性よりも女性にあるということが感じられる。

2　江戸のフォークロア

そういうケースが実は、江戸でもしばしば語られていた。東京、小石川の無量院というお寺の脇に小野小町の墓があった。小野小町は、漂泊の巫女といわれ、全国に小町伝説は多い。小町が化粧した池であるとか、小町が舞を舞った場所であるとかの小町伝説がある。小町が年老いて死んだと称するお墓が三十数箇所、全国から報告されている。その一つが小石川の無量院にある。

江戸時代の津村正恭編著『譚海《たんかい》』の記事によると、この寺の檀家で大名の牧野家の当主が、五輪塔の墓が古いのですっかり気に入ったという。牧野の当主は茶の湯が大好きで、小野小町の墓と称する石碑で灯籠《とうろう》をこしらえて自分の屋敷の庭に置いたところ、それ以後、牧野家には代々怪異の事件が起こる。当主、息子、そして孫息子と三代にわたって、いずれも急逝してしまった。牧野家の家人は、小野小町の墓の石を勝手にもってきたためであるとして、死霊の祟りを恐れ、無量院に返却した。しかし霊の祟りはなお止まらず、寺の中にも怪しい事件が再三起こった。そこで遂に小町のお墓を立派に造りかえ、五輪塔を移した七月八日を忌日として毎年供養を行うようになった。それ以後、お寺に何の怪異も起きなかったという。

安永八年（一七七九）は小野小町の九百年忌にあたり、盛大に行っている法要を、津村正恭が見学して、その記事を載せているわけである。伝説上の人物であるにしても、小野小町のお墓が、こういう形で一八世紀にふたたび人々の意識に現れてきた。石塔を立てた場所の周辺に、何かの問題が起こったらしい。そこが祟りが現れやすい場所であると伝えていることになる。

さらに、人々が恐ろしいことを感ずるという例がある。今の東京ドームの横に、小石川牛天神がある。その近くに細田嘉右衛門《かえもん》という二百五十石取りの武士が住んでいた。この嘉右衛門の祖父の時代、元禄年間（一六八八―一七〇四）のこと、そのお妾さんが不義密通しているという噂を耳にした。嘉右衛門の祖父は妾を問い詰めて、不義密通を糺《ただ》した。しかし妾は、そんなことは一切ないと、反発した。嘉右衛門の祖父は、主人に対して抗弁しすぎると怒り、抜き打ちで切りかけた。女は白刃の下をかいくぐり、なお私に罪はないといいながら逃れようとしたが、主人は聴こうとしないで、芋畑に追い詰め、切り伏せた。件《くだん》の妾は、かっと目を開き、「我れこの期に及んで何を言おうか、何の罪もない、無実の罪で殺されることが無念だ」とよろめきながら、畑の一角にあった井戸の中に飛び込んだ。それから百有余年経って、三代目の嘉右衛門になったが、この女の死霊の怨念が屋敷の中の一角に現れて、その場所で野菜畑を作ると、丸い実が生じないという。だから、冬瓜《とうがん》とか茄子《なす》とか南瓜《かぼちゃ》、そういうものは生えてこない。仮に出てきても、人間の顔のようなものになっていて、その味が大変苦い。芋を植えると、芋茎《ずいき》の切り口から血のようなものが滴って大変生臭い。芋の子は目鼻の如きものを生じて、これを蒸しても硬くて苦く食べられない。また屋敷の井戸は、水が血のようになっていて、飲むことができない。そのために近くの三河屋五郎兵衛という酒屋の井戸から、飲み水を貰ってきて飲んでいると記している。細田嘉右衛門の嫡男を弥之五郎といって二十二、三歳、その子もいる。家の方には何の祟りもない。しかし当主の嘉右衛門だけは時に異様な行動を示すようになっている。たとえば、毎朝酒屋の三河屋五郎兵衛のところから半紙を一丁ずつ買ってきて、その日一日の手拭《てふ》き紙として手拭《てぬぐ》いの代わりとしていた。その半紙を必ず決まった時間、明け方に買いに来る。毎朝買いに来て、手拭いを用いることはない。したがって、一年間三百六十五丁の半紙を使うことになる。どうも、水で手を洗うと、血の色となり手拭いが生臭くなるので、手拭きの紙を用いているらしいと噂されている。

こういう女の霊が甦ってくる一定の場所が定められている。そこから怪異現象が起こる。それを祓《はら》い清めるために、当主は毎朝明け六つの時間にわざわざ定まった量の手拭きの紙を買い求めざるを得ないという話である。この場所は、小石川牛天神の下で、諏訪《すわ》町と西横町が交差する角の屋敷となっている。その屋敷の一角の中のまた限られた場所で怪異現象が起こっている。

場所の問題も多いが、時間の問題もある。明け六つ、あるいは暮れ六つという時間に対して、人々が昔から何か不思議な現象と遭遇すると考えていたことが分かる。

一見、無関係にみえる話に、落語の「時蕎麦《ときそば》」がある。柳家小さんの十八番として有名な古典落語である。二八《にはち》蕎麦という十六文の蕎麦を食べに行った職人が、いざ勘定を払うときに、お金をポンと置いていく。「ひぃ、ふぅ、みぃ、よぉ、いつ、むぅ、なな、やぁ、何どきだい」と訊き、「へえ、ここのつで」と返事がくると「とぉ、じゅういち、じゅうに、……」と続け、そこで一文得する。それを見ていた与太郎が同じように翌日蕎麦を食べて勘定を払う。「ひぃ、ふぅ、みぃ、よぉ、いつ、むぅ、なな、やぁ」と数えて、「何どきだい」というと、「へえ、四刻《よっ》で」というので、「いつ、むぅ、なな、……」と余計に払うという落語である。

今でもなぜ面白いのか。銭を数えるというときに、「ひぃ、ふぅ、みぃ、よぉ、いつ、むぅ、なな、やぁ」とやり、「何どきだい」というと、ちょうど九つだったわけであるが、その九つという時間で一文得をしたという時間の存在に注意したい。一日の中で一瞬時を意識させるものが、江戸の町にはあった。時の鐘である。今の我々よりもはるかに強く時を感じさせる時の鐘が江戸市内に八か所置かれていた。その鐘を支配していたのは徳川将軍家で、江戸城にあった鐘を本牧町にもってきたのが中心である。とくに興味深いのは、明け方の午前六時頃鳴り出す最初の鐘である。夜中はずっと鳴らず、明け六つの鐘から始まる。明け六つだから、六つ鳴ると考えがちだが、最初の鐘には捨て鐘が入っていて、無駄な鐘の音を鳴らしている。それが三つ鳴る、明け六つから始まるが、結果的には九つ鐘が鳴っている。

江戸の人たちは明け方九つの鐘の音を聴く。しかし、これを実は六つとしか数えない。はじめの三つは捨て鐘で、数えてはいけない数になる。数えてはいけない三つの鐘がなるというその間隙が、月が沈み太陽が出てくるちょうど境界の時間に当たる。

一方、太陽が沈んで月が出てくる時間は、ちょうど暮れ六つに当たる。そういう境の時間を通過することを、昔の人ははっきり意識の中に捉えていた。九つ鐘を数えて初めては、なぜわざわざ捨て鐘を鳴らすのか。寝ている人が明け方、九つ鐘を数えて初めて正規の時間を知る。その瞬間に自分は生活のリズムの中に入ったと認識する。最初の三つの捨て鐘を聴いている時は、まだ移行する時間帯にいるということを意識させている。

そういう文化装置を江戸の人がもっていたということは興味深い。今の我々は境界の時間を失っている。テレビやラジオによって支配される時間も多いと思うが、なんだか曖昧模糊《あいまいもこ》とした時間が、逢魔が時として理解していた時間帯に相当している。そういう時間帯をもつことがいろいろな意味で重要であったのではないかと思われる。

そういう時間を感じさせると同時に、逢魔が時に相当する逢魔が場所とでもいうものが魔所と書かれる。我々はどういうところでそれを体験できるのだろうか。逢魔が時に逢魔が場所というものを体験したいという考え方が意外と多い。

我々は無意識のうちに何らかのきっかけをつかんで、そういう体験をしたいと考える。その結果、妖怪譚というものがフォークロアとして数多く語られるようになる。女子高校生の学園祭などに行くと化け物屋敷が必ず作られている。ナンセンスだと思いながらも、大人も子供も悲鳴をあげるために見物に続々と入る。おそらく自ら逢魔が時と場所を体験したいという潜在意識の現れといえる。江戸の段階では化け物屋敷をわざわざこしらえるまでもなく、例に挙げた現代の熊本の若い娘たちが体験した話そのままが江戸では多く語られていた。

たとえばこういう話がある。大名の本多家の後室が若い頃、六番町三年坂の中ほどに住んでいた。六番町は都市計画で宅地造成した時の地名である。三年坂の脇には墓地があり、坂の途中で滑って転がると、三年以内に命を失うという恐ろしい坂でもある。うっかり三年坂などというような奇妙な地名の所で転ばないようにといわれている。しかし、逆に転んでみたいという願望をもった女性が意外と多い。なぜかよく分からないが、そういう世界にのめり込みたいということかもしれない。その三年坂の中ほどに住んでいた女性の家が化け物屋敷になって、いろいろな怪しいことがあった。夜更け、行燈《あんどん》のもとに座って仕事をしていると、傍らにいた腰元の女の顔がたちまち長くなり、また急に短くなる。あるいは恐ろしい顔になって消え失《う》せることもある。座敷に突然火が燃え出すことは珍しくないという。ある腰元が病気になって休んでいたが、その女が紫色の足袋《たび》を穿《は》いて掃除したりしているので、はなはだ怪しく思いながら女の休んでいる所へ行ってみると、女は寝ている。掃除している女と寝ている女は同じなんだけど、一度に二人の女が見える。こういう奇異なことが多くて、家中の者が難儀するために、三年坂の中ほどにある屋敷を建て替えて、加賀屋敷の方に移ったという。

明和九年（一七七二）、江戸に大火事があった。目黒行人坂《ぎょうにんざか》の火事として知られ、江戸中が被害にあった。その火災の夜、牛込の若宮八幡の脇に住んでいた加藤又兵衛の中間《ちゅうげん》が、市ケ谷の佐内坂の途中に来かかると、きれいな女が泣いていた。事情を尋ねると、自分は焼け出されて行くべき場所もないという。それならば、私の家へおいでなさい、一晩泊めてあげよう、そして、明日、明るくなったら誰か知人を探してあげようと話した。女は喜んでついてきた。中間は独身の男であるから別の意図もあったが、まず部屋に連れていった。いろりの火を沢山くべて、ご馳走《ちそう》を食べさせてやった。食べさせているうちに急に眠くなって、うつらうつらしてしまった。女の方も横になって昏々《こんこん》と寝ている。ひょっと彼女の足元を見ると、長い毛が見える。これは何ごとかと思ってずっと見ていたら、いつの間にか古狸《ふるだぬき》の姿になった。前を大きく広げ、「狸の金玉八畳敷」といわれるような大きな陰嚢《いんのう》を広げて火に焙《あぶ》っている様子である。おのれ狸め、打ち殺して狸汁の実にしようと、打ちかかったところ、狸が気づいて驚いて逃げ出した。このことがあってから、加藤又兵衛の屋敷も佐内坂の途中から新しい屋敷に移ったという。

要するに、怪異譚の語られている屋敷がいずれも坂道の途中にあるという説明になっている。狸に化かされていたり、怪異が出るお化け屋敷といった話で説明されているが、怪異の現れてくる時間はいずれも夕暮れ時から後の話として伝えられるケースが多い。屋敷が坂の途中であるということ、その周辺が先程の四谷のように湿地帯と関わっているところに何かが起こりそうだと思われている。

有名なのが、例の「池袋の女」である。池袋や沼袋、池尻という地名は、低湿地帯に当たる。とくに江戸時代に怪しげな現象が起こりやすい土地が池袋だった。池袋村は江戸の水道の元になっている土地柄である。そこから流れて出る水が護国寺の裏の水道を通っている。江戸人は池袋の水を飲んでいたわけである。怪異は新宿よりも池袋の方に集中して現れている。じめじめした場所という土地柄と、都市の周辺部に当たる農村ということが立地条件としてある。「池袋の女」をはじめ、池袋は以前からいろいろな怪異譚が語られていた。

杉山勘兵衛という百姓が、文政元年（一八一八）寅年の四月のはじめに行方不明になったという話がある。親類縁者たちが手を尽くして探したけれど見つからない。この時期はちょうど農業の忙しい時期であったが、田畑の仕事をやめて鉦《かね》や太鼓を打ち鳴らし、あちこちを訊ね歩いた。約十五日間探し回ったが、出てこない。占いをしてもらっても何の効果もない。人々は結局、神隠しということで諦めた。ところが、ちょうど二十日ぐらい経った明け六つ頃に、勘兵衛は自分の家の前に忽然《こつぜん》と立っていて、手に小さな包みをもっていた。顔色は尋常でなく、家に入るやいなや、座敷にばったりと倒れて、眠ってしまった。村の者も皆ぞくぞくと様子を聴きに集まってきた。約四時間熟睡したあと、勘兵衛は起き上がってこういった。自分は山伏によって連れていかれ、山伏は自分を背負って山中を飛びまわっていた。そして今朝別れる時に、お土産にといって薬を貰った。この丸薬は一切の悪病、魔除けに効くという。またそれを懐中に入れておく者は、勝負事には運が強く、諸々《もろもろ》の難病に効果があるといわれているといって、取り出した包みから丸薬を人々に見せた。さらに、勘兵衛は、日本国中の神社仏閣、名所古蹟すべてを歩きまわってきており、その様子を確実に人々に伝えたという。人々はまさに神霊がのり移ったものだといいはやして、勘兵衛を見に集まってきて帰りには丸薬を買いたがった。遠方より訪ねくる人々で市のようになり、六日の間、この評判はただただ上がるのみであった。たとえば、一人の娘が三年間長患いで調子が悪かったけれど、勘兵衛のもっていた丸薬を買おうとして池袋に来るやいなや、明け方から不快な症状が消え失せて正気となり、丸薬を買う前から病気が癒《なお》ってしまったという噂が広まった。勘兵衛はたちまち金持ちとなり、池袋村を出て高松町の立派な屋敷に入った。一代にして大金持ちになったという話である。

　この話には実は後日譚がある。勘兵衛は実は本当は神隠しにあっていなかったという話が残っている。勘兵衛が一儲《ひともう》けしようとして、薬屋にわざわざ安い値段で丸薬を作らせて、その間に勘兵衛が神隠しにあったという演出をした。本音は新宿の色街に居続けて遊び過ぎてしまったというわけである。それが長い時間かかってしまったので、家に帰ることができなくなり、いいつくろいができるように、神社仏閣の名所案内記を全部暗記して、神隠しにあったという形で戻ってきて、まんまと商売が成功した。あっという間に金持ちとなって、村を飛び出して、大きな屋敷に住むことになったというものである。

　この話が偽薬を作った薬屋の口から世間に広がり、池袋の農民たちは自分たちを騙《だま》してこんなことをするとは何事かと一同蜂起して、勘兵衛の屋敷を取り囲み、鍬《くわ》や鋤《すき》、天秤《てんびん》棒などをもって、大声を張り上げ、勘兵衛の家を破壊しようとした。この大騒ぎを聞きつけた菩提寺の住職が駆けつけて、村人と勘兵衛の中に入り、すべてが誤りであることを証文に書かせ、インチキをした勘兵衛を出家させることを約束して、騒動は収まったという。この勘兵衛なるものは、日頃はごくふつうの百姓で、口だけは達者であったけれど、それ以来すっかり無口になり、村の者に対しても口を開くこともなく、ただ黙々と生涯を終わったという。神隠しは、だいたい幼い子供や女に多くみられるが、若い男が十五日間も行方が知れないのは本来インチキだと悟るべきなのに、それが分からなかったのだから村人の方にも責任があるというようなことで一件落着している。

これは江戸時代の話であるが、次は現代にも通ずるペテン師の話である。池袋村は今のJR線の駅のあたりではなく高速道路のある奥の方のこんもり繁った森の付近にあり、そこに池袋天神という不思議な神が祀られていることはよく語られていた。占いをする神であり、大勢の人がお参りに行っては、天神の前の石をもち上げて占いをした。この信仰は一世を風靡《ふうび》し、占いの当たるハヤリ神となった。占いをする神の元になったのは江州《ごうしゅう》からやってきた旅の男であった。彼は謎の御神体を用い、池袋天神という新興宗教を流行《はや》らせて占いをしたわけである。

池袋村にはそういう言葉巧みに神々の霊験をいいはやす人々が集まっているというイメージが与えられている。池袋天神は、文化年間（一八〇四―一八）のはじめにペテン師の説明によって霊験ありと流行り出し、江戸の人たちが、三年間にわたり群参していたと記されている。今はもうすっかり人気がなくなってしまったが、池袋には何かおかしなことが起こりやすいということを当時の知識人が書いている。柳田國男も、かつて「池袋の女」が本当にいたのかどうか大正時代に調べに行き、このあたりには何か異常心理が発達しやすいと書いている。

3　都市民俗学の方法

現代社会の中でも不思議な話がしばしば語られている。通り魔に類する事件もその一つである。事件を報道する新聞は記事にかならず図面を書く。通り魔に遭遇した場所が詳しく新聞に書かれている。その場合、記者が無意識のうちに通り魔発生の場所的なものに注意しているのではないかという気がする。

一九八二年七月五日の報道記事がある。場所は佐賀県の武雄《たけお》市であった。一一〇番の通報で、夫が自宅にかけた電話の中に救いを求める妻の声があり、電話の向こうに子供の悲鳴が聞こえてきた。四日の午前十一時半のことで、寺の住職一家ら五人が死傷した。異常者とみられる男の通り魔的犯行によるものであった。「朝日新聞」も「読売新聞」も現場地点を撮影している。そこに境界と考えられる地形がある。通りがあり、道に橋が架かっていて、川が流れている。道が四辻に交差し、その脇に寺がある。事件は、この地点で起こった。

新聞記事によると、四日の白昼、武雄市武雄町の路上で男がいきなり自宅前にいた主婦を切り出しナイフで刺し、さらに近くの寺に押し入った。住職の幼い娘二人とお手伝いの女性の計三人を刺し殺し、住職の妻にも重傷を負わせた。男はその直後に現場近くで逮捕されたが、犯人の男は隣り町に住む無職の男で、入院歴があるという。彼は自分が何をやったかまったくおぼえていないと語っており、警察は犯人の精神状態を専門家に調べてもらう必要があるとしている。

それだけの記事である。しかし注意してみると、四日の午前十一時半頃、時間的には明け六つでもなく伝統的な逢魔が時ではない。発生場所の方は武雄市の中心部にあり、辻や橋が関わっている。あるいは空間を移動する坂や、谷底で水が湧き出るような土地柄というところに一つの傾向がある。

一九八二年の三面記事の中で、自殺の名所としてA団地はよく知られていたが、第二のA団地としてB団地が取り上げられていた。同年七月の「週刊文春」の記事によると、B団地で二十九人目の投身自殺者があったという。現地では警官が巡回してガリ版刷りのパンフを配っている。「高所・階段などからずっと下を見つめていたり、周囲を眺めていたり、出会った時に顔をそむけたり、すっといなくなる人を見かけたら、A団地方式で一声かけて知らせてください」と書かれていた。それでも、七月三日午前八時、Kさん、七十六歳がB団地六号棟の息子の部屋の前で、高さ一メートルの仕切り壁を越えて十一メートル下に飛び降りようとした。Kさんは二年ほど前に胃ガンの手術を受けたが経過が思わしくなく、心筋梗塞《こうそく》で通院中であるという。懸命になって手すりにぶらさがっていたが、力尽きて落ちてしまった。孫たちは、「おばあちゃんは最近は家にいないでCにいた。あの日はCから電話をしないで家の前に来て、家には寄らずに飛び降りた」といっている。

A団地が九十四件、この時点でB団地が二十九件。どちらも昭和四十七年に建てられた団地である。団地の人口数からいうと、自殺者の比率がほぼ同じなのだそうだ。前年の三月二十九日午前六時、二十五人目の自殺者が出ていた。A団地は荒川のほとりの橋のたもとに広がった団地で、B団地の場合も川に沿った橋のたもとにある団地である。B町が鉄橋の脇にある立地条件のためかと思われる。橋を渡って右側に団地の高層アパートがある。そこへ行って飛び降りるのは、やはり橋のたもとに当たることによるものだろうか。

偶然の一致ということもあるが、江戸時代から常に無意識のうちに感じている、ある時間と空間が伝統的なフォークロアとして語られている。B団地がA団地と同じ立地条件に当たることは間違いないようである。

前述した四谷には、江戸時代、通り悪魔の話が語られていた。通り悪魔が数多く出てきて人に襲いかかるという。当時の通り悪魔は邸《やしき》の塀を乗り越えて、こちらを窺《うかが》っている異様な風体の老人である。この老人の姿をじっと見つめないで、目をつぶって横になるなりすれば老人の姿は消えるけれども、そのままその老人の目を見ていると、その老人がひょいとその塀を飛び越えてしまうという。飛び越えた瞬間に、それに魅入っていた者は突然おかしくなる。武士だと白刃をもって暴れまわり、女性だと出刃包丁をもって騒ぐと書いてある。だからそういう事態になったら、すぐに目をつぶり心を落ち着けるなり、横になるなりする方がいいというのが四谷の通り悪魔が現れたときの記事である。境に当たる塀を飛び越えることによって通り悪魔が発生するとしている。

こうした言い伝えから考えると、空間的に飛び越える部分が存在し、それに対する異常な吸引力が働いている。そういう時間を超える危険性を強く意識する人と、鈍感な人と二通りあることは説明した通りである。あまり意識しすぎると別の世界に引き摺《ず》り込まれる危険性もあるといわれる。

フォークロアは常識的にはナンセンスのように語られているが、これを客観的に考える必要があろう。民俗学ではこうした問題についての質問要項が定められているから、それによって資料を集めていく。たとえば、こういう質問をする。失くなったものがどこにあるか、行方不明になった人がどうなっているのか、何かの祟りや罰ではないか、ある相手と縁組みしていいか悪いか、旅行に出る方角がよいかどうか、新築する家の向きをどうしたらよいか、これらを占う人はいるかどうかといった事項である。何か悪いことを防いだり、よくしたり、いろいろな病気を癒《なお》したりするために、お祓いや加持祈禱をする人が、周辺にいないか、そういう人はどんな人で、家の人や近所の人たちは何を頼みに行き、どんなことをしてもらっているかを調べていくことになる。

こうした項目は、昭和二十四年に文部省が日本人の民族性を調べるために迷信調査協議会を作り、民俗研究者に依頼した際の質問項目である。被調査者については、姓名や性別、年齢や貧富などの生活状態、商売、他に本業があって片手間にやっているか、身体や性質のどこかに変わったところがあるかどうか、目が見えないとか、手足が悪いとか、他所《よそ》の地域から来たかどうか、その人一代限りか、家筋とか階級とか身分があるか、村の人たちはその人を尊敬しているか恐れているか、軽蔑しながらも頼みに行っているのか、どの程度に繁盛しているのか、何キロぐらいまでの距離の人が頼みに行くのか、村人の中に頼みに行く人や家がだいたい決まっているか、どの家でも行くのか、行く人は男か女か老人か若者か、よくよく困ったら誰でも行くのか、といった項目などが作られている。

文部省側もデータを収集しようとしたわけである。民俗学でいう禁呪兆占に関わる問題は、我々が、伝統的に民俗知識として長く伝えてきたものである。そういうものの中に意外と恐るべき真実が秘められている可能性があり、我々の周辺に無意識のうちに数多く点在している。外国の日本研究者が研究対象としての面白さを指摘していた十三日の金曜日を取り上げたときには、日本人の方がより敏感であり、アメリカ人の方がその質問に呆気《あっけ》に取られていたこととも関わっている可能性もある。

三　異界との交流

1　浅草の不思議

自然の中に人間がうまく調和している限りでは、怪異という現象は生じなかった。自然を破壊しつつ地域開発が伸張するプロセスで自然と人間は対立関係に入るが、人間の営みの体系である文化の中に自然がとりこまれるようになると、逆に超自然現象がさまざまに語り出されてくる。都市文化の一部分として怪異譚が位置づけられるが、これは人間が自然を破壊して都市を作ったということの原罪意識が表白されているとみることができよう。

不可解かつ不思議な世界は、怪奇かつ幻想に満ちており、相対的にいって、田舎より都市の住民たちの想像力が反映している。その根源を探っていくと、自然と文化との結節点にたどりつき、文化に属する人間の無意識のうちに超自然現象が描きだされている。その主題は異界との交流であり、都市住民が、かつて大自然との交わりの中に見出だしていたもう一つの世界への畏怖《いふ》や憧憬《しょうけい》がこめられている。

これまでの民俗学の知識では、怪奇・幻想の領域は、妖怪研究として捉えられてきた。お化けや幽霊のフォークロアは、神仏の霊験や縁起譚をはじめ、不思議なことを伝える口碑を含む世間話として伝承されており、近年はとくにモダン・フォークロアや都市伝説の用語が使われている。そこにはいくつかの共通性がみられる。それは都市空間における民俗空間の意味づけであり、とりわけ怪奇の語られやすい場所性が指摘されているのである。

具体的には、道ばた、峠、坂、橋、浜、岸辺といった複数の空間がオーバーラップするような空間が該当している。別言すると、それは辻に代表される境界地点であり、外界性、内と外を区切る場所、周縁性という枠組みにもあたり、象徴的には、両義性が伴い、ある種の力がそこに発生しているとみられる。近年こうした曖昧《あいまい》な領域の設定に対して、地理学の立場からも「不思議な場所」の考察が試みられていて興味深い(内田忠賢「江戸人の不思議の場所―その人文主義地理学的考察」「史林」七十三―六)。

内田は、主として『耳袋《みみぶくろ》』『甲子夜話《かっしやわ》』などを素材として分析し、江戸において霊験が起こった地点が浅草付近に集中していること、また憑《つ》きものになりやすい傾向が人口の密集する下町に集中していることを明らかにしている。狐や狸の怪は、大名・旗本屋敷の多い山の手に集中しており、とりわけ大名屋敷の庭園にある築山が選ばれている。その場所は武蔵野台地の台地端、台地上で、かつて狐・狸の棲息《せいそく》地でありながら、宅地造成されてしまった地域といえよう。さらに屋敷内では、とくに厠《かわや》、納戸《なんど》、蔵、竈《かまど》などが不思議現象の発生しやすい場所とされている。内田の指摘によると、江戸人が独自に感じた不思議な場所というのは、下町の周縁部であり、築山周辺ということになる。江戸の都市空間としての特徴は、台地端を境に山の手と下町に区分されることであり、それが怪異譚に反映しているという内田の指摘は面白い。

荻田安静が編集した『宿直草《とのいぐさ》』は、延宝五年（一六七七）に刊行された怪談集で、当時大変よく読まれていたらしい。その冒頭に、江戸浅草周辺の怪異について二篇収録されており、その内容は甚だ面白く、印象深く記憶している。

最初の一篇は、元和《げんな》（一六一五—二四）の頃に収録された浅草寺《せんそうじ》に出没する化け物と化け物退治に向かった武士の話である。一七世紀のはじめ、浅草の観音堂は、人里離れてポツネンと建つ聖域であり、深夜となれば人通りもなく、化け物が巣喰《く》っていたとの噂があった。それを知った御鷹匠の一人が下人を連れて寺に行き、翌朝迎えにくるように下人に告げて一人お堂に籠った。まず亥《い》の刻（午後十時頃）に、夜回りの者二人が金棒ついてやってきて、俗人がお堂の中へ入ってはいけないと武士に退去を迫った。侍が観音様に宿願をかけて籠っているのだからと頑張ったので、二人の男は消えた。夜半になり、僧徒五、六十人余りが火葬の仕度をしてやってきた。そして堂内に入ると盛んに侍に退去を命じるが、侍は返事をしない。やがて僧たちも消えた。明け方、十六、七歳くらいの小僧が内陣に入りこみ、灯籠《とうろう》に火をともす。小僧の顔形が大きくなったり小さくなったり、異形の姿である。しかし侍は恐れず化け物の面をにらむと、小僧の異形も消えた。鶏が鳴きだして朝になると、下人が迎えにきた。武士は馬に乗り帰途につく。すると下人が突如昨夜の恐ろしい小僧に変じた。侍は腰の刀に手をやるが、間に合わず落馬して気を失ってしまった。その後、武士は化け物に負けたこともあり、次第に元気がなくなり、ついに行方不明になってしまったというのである。

諸国に化け物問答といわれる世間話は多い。だいたい旅の僧が廃寺に巣食う狐狸の化け物を追い払う結末である。しかし浅草寺の化け物は、人知に勝る霊力をたくわえており、狐狸の類とはみなされていない。「浅草」の土地霊が生み出した妖怪であり、それを鎮めんがために観音堂があったと思われる。だがある時間帯は土地霊が強烈なパワーを顕在化して夜行する。その折にはまだ観音の霊験は十分に行きとどかず、妖怪の力の方が勝る。胆力のある武士は三度にわたって妖怪を威圧しながらも、最後に一瞬の気のゆるみから敗れてしまったのである。

次の話も「浅草」の不思議な空間を物語っている。寛永七、八年頃だから一六三〇年代の話。京都の男が江戸へ来て町人の娘と恋仲になった。親の方はそれを認めようとしないので、娘は男に駆け落ちしたいといい出す。男も江戸の女を京に連れていく決心をした。その夜二人は交わった後出発したが、明け方近くなので、まず浅草の観音堂に行き、堂の縁側で一休みしようとした。そこで袖《そで》を敷き二人ともうつらうつらしていると夜が明けた。男がかたわらをみると、女房の姿はなく、衣類が散乱している。驚いて探すが見当たらない。諦めかけているところへ一人の老人が現れて、どうしたのかと尋ねるので昨夜の様子を話すと、老人は空中を指さした。そこには十二、三間もある大木があり、その枝に女房が二つに引き裂かれて掛けられていたという。

この惨劇は、観音堂の縁側で生じた。やはり土地霊の霊力の発現によるものである。京の男が江戸の女を異郷へ連れていこうとする前提がある。一定の土地、空間に籠っている霊は本来土地に帰属しているものが他所へ運ばれることを嫌がる。女は土地の生まれであり、駆け落ちした。江戸の空間の原点というべき「浅草」を通過しようとした。性交の直後であり、霊が憑依《ひょうい》しやすかったことも左右したのだろう。女に土地霊が取りつき、命を奪う結果になった。浅草周辺は、江戸と異郷との境界と意識されていたのである。

また、後世伝説化した浅草の一つ家に棲む老婆と、彼女が石枕を使って通過する旅人を殺害するという石枕伝説は有名である。観音堂はそうした周縁部に祀られることによって、次第にその霊験を発揮しだしたのである。

この二つの話は、江戸初期の「浅草」の怪異であるが、江戸の後半に語られているフォークロアとして落語の例をあげてみる。芝居話の一つとして知られている「宮戸川」は、この川岸に海の彼方から漂着した観音像が拾われた話である。小網町の質屋の息子半七は好青年だが、碁や将棋にこっている。隣家は船宿で桜屋といい、娘はお花という。ある夜、父親に家へ入れてもらえなくなった半七と、やはり夜遊びが過ぎて、家に帰れなくなったお花が出会い、二人で致し方なく霊岸島《れいがんじま》の伯父《おじ》の家に行って二人が同じ部屋に泊まる羽目となった。若い者同士だから、二人は結ばれて夫婦となる。新世帯を両国横山町にかまえる。ある夏のこと、女房のお花は浅草に観音さん参りに行き、雷門まで来ると大夕立にあう。小僧に傘をとってこさせ、自分は雷門の軒下で待っている。すると吾妻橋《あずまばし》へ落雷し、そのショックでお花は気を失ってしまう。

そこへ三人のならず者が通りかかり、気を失った美女を見つけ、女をかついで吾妻橋の方へ行き、強姦《ごうかん》してから、罪がバレるのを恐れて宮戸川に投げ捨ててしまう。

半七は小僧とともに探し求めるが、女房を発見できず、仕方なくその日を命日として野辺送りを済ませ、一周忌を迎えた。半七は橋場の菩提寺に参り、船に乗る。そこで犯人の三人の男とお互いに知らぬまま酒を飲む。男が前年の思い出話として、雷門の下に倒れていた若い女のことを話す。三人で女をなぐさんでいたところ女が息を吹き返したので三人で殺して川中に投げ捨てたことをその場で半七は知って愕然《がくぜん》とする。しかし、そこで半七はうなされて、目をさます。半七は夢を見たのだった。夕立の最中、お花は小僧が傘をもって迎えに行っているところであり、無事戻ってきたという、その夢の中の一件だったのであった。ここで夢の中のことはともかく、雷門で女が殺され、吾妻橋から宮戸川へ投げ捨てられたという事件が生じたと語られている。しかし、女は無事生き返っていたわけだから、聞き手はホッとする。「浅草」の観音、雷門、吾妻橋そして宮戸川がいずれも境界性を示している。女はいったん死んだが、現実には生きていたという不思議が語られており、それは「浅草」の境界領域だからこそ容易に受けとめられたストーリーなのである。

もう一つの例はお馴染《なじ》みの「粗忽《そこつ》長屋」。熊さん八さんが登場している。両者ともにそそっかしい。八さんは毎朝早起きで、かならず観音さんにお参りに行く。ある朝いつものようにお参りを済ませ、仲見世を通って雷門をくぐって行くと黒山のような人だかり。一人の行き倒れがあって、こもがかけられている。浅草寺周辺には、こうした行き倒れをはじめ、捨て子も多かった。浅草寺に残存するアジール性によるものらしい。さて八五郎がこもをとると、それは隣りの熊五郎とそっくりである。八五郎は本人をここへ連れてくるという。このあたりからお笑いの場面が連続する。死人の雛形《ひながた》の本人を連れてくるといって、八五郎は長屋に戻る。ピンピンしている熊五郎にお前が死んでいるという。熊さんは、そういえば昨夜酒に酔って好い気持ちになり、ブラブラしながら観音さんの所を通った記憶がある。そこで八さんは雛形だから死人を確認しろという。熊の方も変な気持ちだといいながら、やはりそそっかしいものだから、八と一緒に行き倒れの場所へ行くと、そっくりの死骸を見て、それは自分にちがいないと抱き上げる。

爆笑しながら「浅草」の不思議を考える。行き倒れで死んだ男が「浅草」で雛形と称して生き返っていることになるからである。死者の体内から霊魂はいったん脱出する。それは幽霊になる場合もあるし、元の器の身体に帰ってくることもあり、再生譚として語られる世間話は多い。落語ではそこつ者のお笑いの場面になっているが、雷門という境界点を通過して、こうした不思議が生じていることを江戸の人々は了解していたのである。

2　異界体験

「文化七年庚午《かのえうま》の七月廿日の夜、浅草南馬道竹門のほとりへ、天上より廿五六歳の男下帯もせず赤裸にて降り来りてたたずみゐたり」というエピソードが『兎園小説《とえんしょうせつ》』に収録されている。この男はその場所で気絶し、番屋へかつぎこまれた。しばらくして気づいた男は、周囲をとり巻く付近の住民たちに、自分は京都油小路に住む者だと答え、「先《まず》ここはいづくぞと思ふ。ここは江戸にて、浅草といふ処ぞと答ふるに、うち驚きて頻《しき》りに涙を流しけり」という。

この男はさらに当月十八日の朝四つ時頃に家僕を連れて愛宕山《あたご》へ参詣したと語った。大変暑い日だったので、上着を脱いで涼んでいるところへ、一人の老僧がやってきて面白いものをみせてやるというので、老人の後についていったところまでは覚えているが、それ以後のことは記憶に定かではない。男の穿《は》いている足袋《たび》は、京都で仕入れた京の足袋であったが、少しも泥が付いていないのがおかしいと記されている。

京の男が多分愛宕山の天狗《てんぐ》に連れられて空中を飛来し、途中落下した地点が浅草だったことになる。当時の知識からいえば、神隠しにあったと説明されるのだろう。彼は京都の四至《しいし》の一つで、境界に当たる愛宕山から行方不明となった。おそらく京からみて世界のはずれとして無意識のうちに確認されていた江戸の、とりわけ浅草においてふたたび現実世界にカムバックしたという構図がみられる。京都の愛宕山も江戸の浅草もう一つの世界との境界に当たっていたから、こうした怪奇の世界を垣間みることが可能となった。

また『諸国里人談《しょこくりじんだん》』は、江戸の神田と秩父《ちちぶ》とを対比させて描くが、神隠しにあった神田の小僧は、正月十五日の夕方銭湯に出かけ、しばらくして股引草鞋《ももひきわらじ》ばきの旅姿となって戻ってくる。彼は正月十五日の朝秩父を発《た》ったと説明した。実のところ、この小僧は昨年の十二月煤払《すすはら》いの夜に家を出てその間天狗の山で給仕をしていたというのである。つまり小僧は、神隠しの間、天狗とともに別世界に滞在していたことになる。この場合、江戸では神田鍋屋町にある風呂《ふろ》屋と他方では秩父の山間部の一角とがともに異界の出入口として顕在化しているとみることができる。

民俗空間論からいうと、隠れた異界との間を区切る目安として、異界と近接する境界が設定され、「辻」と表現される。辻にはさまざまなフォークロアが派生している。

たとえば、前述した静岡市内で報告された話、つまり髪の毛を切ったら辻に捨て、人に踏まれると良い毛がまた生えるといったり、犬が死ぬと夕暮れ時に他人にみられないように埋めたという例がある。おそらく他に類話もあるかと思われるが、一つにはそこに再生を願う心意があり、また犬には異界とのメッセンジャーとしての役割が与えられていたことと関連するだろう。

辻には、辻切りと辻固めという二つの儀礼がみられる。辻は、災厄をもたらす悪霊を追い払う場所であり、道祖神の祀られる聖域としてサエノカミの祭場にもなるが、一方でシメナワを張り悪神を防ぐ呪《まじな》いがあり、辻切りと称された。村の入口にシメナワと巨大な草鞋を吊《つ》るしたり、大きな人形を置くという風習は、比較的農山村部にみられる。

一方、辻を危険な地点とみて、葬儀や婚礼の行列が通過する際に、辻を警固することを辻固めと称した。野辺送りも婚礼行列も、二つの世界を往来することが、潜在的に意識されていたのであろう。「辻固といふ事ハ、後花園院崩したまひしに、悲田院に葬る時に、山名・細川の乱によりて諸将士卒街衢《がいく》を守りし事より始れり」という『倭訓栞《わくんのしおり》』の一節は、辻固めが文明元年（一四六九）後花園院の葬儀をもって嚆矢《こうし》とすると説明しているが、本来は辻切りと同様の心意によって支えられていたとみることができる（笹本正治『辻の世界―歴史民俗学的考察―』名著出版）。

泉鏡花の世界は、周知のようにもっぱら異界との交流を、重要なモチーフにしてきた。江戸の世間話の集大成といえる松浦静山《まつらせいざん》の『甲子夜話《かつしやわ》』をふんだんに用いて、創作したという「妖魔の辻占」などは、京都と江戸の二大都市の対立を異界における天狗同士の対決に見立てた怪奇小説である。そこでは秋葉の天狗も、羽黒の天狗も自由自在に空中を飛行するが、片や京都御所に、片や江戸城内に、人をさらっては空中から投げ落とす。もちろんさらわれた人間は、天狗によって空中を飛行することになるが、こうした素材は、『甲子夜話』の中に、当時の江戸人の体験談として語られたフォークロアであったのである。

異界体験は、主として天狗に比定された山伏が介在者となっており、江戸を中心にみれば、先の秩父のほかに、筑波、箱根、富士といった山岳が、異界との境界領域とみられていた。ところが外延性のある空間に対して、屋敷の築山や家の内部にもまた、異界への通路があったということが、江戸の怪異譚の中からうかがえる。『諸国百物語』にはその類例が多い。たとえば、森美作守《みまさかのかみ》忠政の屋敷の裏に一つの堀があり、そこから幼童や若い女の姿が突然現れては消える。家来たちがその所在を懸命に探し求めるが、決して見つけることができなかったという。

また慶長年中（一五九六―一六一五）、大名小笠原家に次のような話があった。内儀が疱瘡《ほうそう》にかかって寝ていると、「屏風の上より、まつ黒なる、大坊主」が現れ笑いかける。毎夜毎夜、坊主の妖怪が「屏風の上」から頭を出すという。そしてとうとうこの坊主は内儀を引っつかみ、天井を蹴《け》破り、「内儀を二つに引裂き、首をば取つて返りけると也」。その後一年を経て、主人の小笠原殿が雪隠《せっちん》へ行くと、「冷やかなる手にて股をなで、あるいは、雪隠の掛金を、外より掛けるなど色々の凄《すさ》まじき事多かりしと也」と記されている。この話だと、異界の出入口は「屏風」と「雪隠」であったことが示されている。いわゆる便所がたんなる排泄用の空間というだけではなく、もう一つ別の世界との接域にあたっていたことは、想像できるのであり、外の辻と同様の心意に支えられているといってよいだろう。

『新御伽婢子《しんおとぎぼうこ》』の「化女の髻《もとどり》」の話は、浅草周辺の武家の仮屋敷に起こった怪異である。火事のあとの仮屋で、冬のこと、家来の一人が障子に映る「色うす青き女房の黒《か》歯《ね》くろく付けたる、其の顔の大きなる事たとへば車輪のごとく、其の長《たけ》亭々たる深山木にひとしきが」現れて笑いかけた。気丈な男が冷静に一太刀あびせて、「血をしたひて跡を尋ぬるに、其の行方なし。滴《したた》る血の中に女の髪のいとうつくしく結ひたるを、もとゆひながら一ふさ切り落としありける」として、化け物の正体が女の黒髪であったことを知る。

この妖怪は縁と障子の間に出現して、庭の奥の築山に消えた。もっとも火事で焼けた跡の仮屋に、怪異が発生したことが何かを暗示している。永年その土地に棲みついていた精霊が祀り手を失ったことから、調和を失い、空間上に妖怪として顕在化したのであろうか。

『諸国百物語』には、「幽霊を舟渡しせし事」という不思議な話が載せられている。この男信長の家来といい、衆道《しゆどう》を好むので、好きな男の許《もと》へ夜な夜な通った。ある夜清洲《きよす》から犬山への途中、川渡しの場所で待っていると、川上より逆さまになり、口から火焔《かえん》を噴き出して、頭から歩いている女が来る。彼女は川向こうの庄屋の女房だったが、夫が妾としめし合わせて、自分を殺し、川上に逆さまに埋められてしまった。その敵をとりたいが、逆さまなので川を渡れないので助けてくれという。男は承知して、渡し守を呼ぶが恐れて逃げてしまう。そこで男は女を抱きよせて船に乗せて、向こう岸へ連れていった。しばらくして女は敵の妾の首を引っさげて、戻ってきて、礼を述べると姿を消したというのである。男はそれより犬山に行き、帰路その村に立ち寄ると、今朝方庄屋の新しい女房が首をとられて死んだという話を聞く。不思議に思い、川上を掘ると、件《くだん》の女の逆さまになった死体が発見されたという（高田衛編・校注『江戸怪談集』下　岩波書店)。

逆さまの女は、明らかに異界の姿を、こちらの世界に映しだした結果なのである。女は川を渡ることにより、異界から戻ったのであり、それには渡し守の役すなわち異界との交流を可能にする存在が必要だった。こうした構図が怪談には示され、異界へアプローチする具体性を知る手がかりを与えてくれるのである。

四　鏡花と妖怪文化

1　鏡花世界の基層

折口信夫には、泉鏡花についてふれた奇妙なエッセイがある。昭和十七年頃に書かれた「鏡花との一夕」（『折口信夫全集』第二巻　中央公論社）がそれで、折口自身「歩き睡《ねむ》り」の習癖のあることを記し、その体験を語っている。

ある冬の晩、宴会の帰り道、舗装道路の上で、膝《ひざ》ががっくりと来た。膝ががくがくするのである。「膝と膕《ひかがみ》の変な運動」だという。ひかがみは、膝の裏側の凹んだ所で、「謂《い》はばその膝と膕とが、一つの頭のまはりであつて、其から下の脛《すね》や足頸《くび》が、胴体や脚であるやうに、其処だけが、気随にはたらいて居るのである」という状態が、一瞬意識の薄れる時に起こってくるらしいという。股から下に、侏儒《しゅじゅ》のような肉体がぶら下がっているようで、「此晩《この》街路に立ち籠《こ》めてゐた冷えた靄《もや》のやうに、すつと来て掩《おお》ひかぶさつて来る無意識感」がひんぱんに襲ってくるという何やら不気味な時間なのである。道は坂道にさしかかり「近年亡くなつた老功臣の家の塀に添うて登つて行く」その時、「何の理由もなしに、泉鏡花さんと、稲生武太夫が一処になつて、どつと私の前におし寄せる波のやうなものに乗つて出て来たものである」、しかもこの二人は「ひとしく彼侏儒であり、小悪魔として接したものゝやうである」という。泉鏡花は、昭和十四年に物故しているのだから、例の『稲生《いのう》物怪録《もののけろく》』の主人公稲生武太夫ともども、幽冥界《ゆうめいかい》から折口めざして出現したことになるのである。

折口は生前の鏡花とその死の二カ月ほど前に会ったという。大学の夏期講習の講師を依頼しに出かけ、快諾を得た。たまたま連れの春洋が金沢生まれのことでもあり、同郷のよしみで話が弾んだという。「泉さんの持論の黄昏《たそがれ》時の感覚と、其から妖怪の怨恨《えんこん》によらぬ出現の正しさ——から言ふ表し方は、鏡花さんの厭《いと》ふ所でありさうだ——を主張する情熱と言ふよりは、別の熱を持った話になつて来た」と折口は述べている。その折の話題の一つに、稲生武太夫のことが出されたらしい。武太夫は、ありとあらゆる妖怪を統御した若者なのであり、折口と鏡花の間に交わされた話題は、どうやら妖《あや》かしの範疇《はんちゅう》だったのだろう。そのことが折口の潜在意識の中によどんで残り、折口が境界の時間と空間を通過した時に、あの世から甦ったのであった。

「人生を黄昏化するが理想の鏡花小史」と折口がいうように、鏡花の論じ方には、かならず二つの世界の境界論が浮き彫りにされており、とりわけ超自然的領域との関わり方が、鏡花文学の大きな特色となっている。そして作品としても、「高野聖《こうやひじり》」や「歌行燈《うたあんどん》」などが好んでとり上げられ、その民俗学的要素の抽出も行われてきている。

それは主として口碑伝説の類であり、たとえば松原純一「鏡花文学と民間伝承と」は、「高野聖」の中に、中国の怪異譚のほかに、『三州奇談《さんしゅうきだん》』をはじめ、東北日本の各地から採集されている日本の民俗的怪異譚が素地になっていることを明らかにしている(「相模女子大学紀要」第十四・十六号)。鏡花の妖怪への親近性は、松原の分析によると、亡母への慕情にはじまり、霊魂・神秘の実在を確信するようになったという。鏡花の母は、わずか二十九歳で去った。その死は産褥熱《さんじょくねつ》によるもので、非業の死と考えられ、御霊がこの世に残ったのである。かつ母は金沢生まれ、鏡花も金沢の風土の中に育った。この金沢は、江戸時代以来の城下町の町柄をもつ伝統都市であり、そこに展開した民俗文化の反映が、鏡花文学にみられており、その点については藤本徳明らによって興味深い分析がなされている。

その中で、金沢の怪異譚は、とりわけ豊富なのであり、狐・狸・狢《むじな》の化け物の活躍

について は数多く記録されている。柳田國男『北国紀行』にも、金沢に泊まった柳田が「夜は按摩《あんま》に附近の口碑などを多く語らしむ。鏡花の小説の淵源する所を解す」と記している。

折口より一世代上であった鏡花と柳田の交流はよく知られ、つとに『遠野物語』に対する鏡花の評価は高いものがあった。「文学に川童《かっぱ》が二度目の登場をしたのは泉鏡花さん、故芥川龍之介氏などの御骨折であつて、御両所とも私たちの川童研究から、若干の示唆を得たやうに明言せられて居るのは光栄の至りだが、遺憾に思ふことはまだ少しばかり、川童を馬鹿にしてござる」（柳田國男「妖怪談義」）という述懐の通り、民俗資料は素材として十分に活用されていたのである。

「北海の荒磯、金石、大野の浜、轟々《ごうごう》と鳴りとどろく音、夜毎襖《ふすま》に響く。雪深くふと寂寞《せきばく》たる時、不思議なる笛太鼓、鼓の音あり、山颪《おろし》にのつてトトンヒューときこゆるかとすれば、忽《たちま》ち颯《さっ》と遠くなる。天狗《てんぐ》のお囃子《はやし》と云《い》ふ。能楽の常に盛なる国なればなるべし、本所の狸《たぬき》囃子と、遠き縁者と聞く」と鏡花は、「寸情風土記」の中で記している。金沢のような武家屋敷の多い城下町にひびく怪音についての伝承は、武士たちの教養であった能楽の楽の音が、風や立地条件によって、原因不明の不思議な音色にひびいたのだろうか。

一方、柳田もこの怪音の伝承には注意を払っていた。『山の人生』の中で、天狗の発する怪音について触れ、それ以上に都会での怪音の一つが狸囃子と称されており、とくに東京の本所の馬鹿囃子があげられている。そして、「私の住む牛込の高台にも、やはり頻々《ひんぴん》と深夜の囃子の音があると申しました。東京のはテケテンといふ太鼓だけですが、加賀の金沢では、笛が入ると、泉鏡花君は申されました」と記している。東京と金沢とのちがいが、笛の入るか入らないかということだというのは面白い。たしかに「テケテン」か「ドンツクドンツクドンドンツクツク」という擬音で表現され、これを「狸腹鼓」というのが江戸の傾向である。鏡花はこれを「天狗のお囃子」といい、「不思議なる笛太鼓、鼓の音」と表現している。

新井泉の狸囃子に関する興味深い研究によると、腹鼓の話は全国各地にあるが、明治三十年代ぐらいまで東京のものが盛んに話題となっていたことが示されている。その中で、新井は、泉鏡花による二つの作品を紹介している(「狸草子(本所七不思議の一)について」「民話と文学」十・十一号)。一つは「狸囃子」(明治三十三年)である。

夏のはじめの庚申《こうしん》の前夜、徹夜した時、住居は大塚であったが、深夜二時頃、「音羽の通、鼠坂《ねずみざか》の下あたり、豆太鼓を打つ音す。絶えては響き、聞えては止むが、心着けば此《この》響今はじまりたるにはあらず、初夜(初更)過ぐる頃なりしを、物に紛れたるにこそ」といっており、午後九時頃から、怪音がひびいていたという。しかも今音羽のあたりかと思うと、はるかに俤橋《おもかげばし》、高田馬場あたりになったり、石切橋の近く、やがて大塚の通りを真直ぐに板橋の方に向かっていくというのであった。これは本所の狸囃子ではなく、鏡花も、東京生活の中で、そうした情報を得ていたのである。根岸でも「怪しの楽、上野の森に起ること連夜」であり、「音も人の心により違へり」と述べている。それは法華の太鼓の時でもあり、軍事演習のある折などは、「大砲の谺《こだま》の如く」であり、『太平記』を読んでいたりすると、「瀬多長橋とどろとどろと踏鳴らす音」として聞こえてくる。

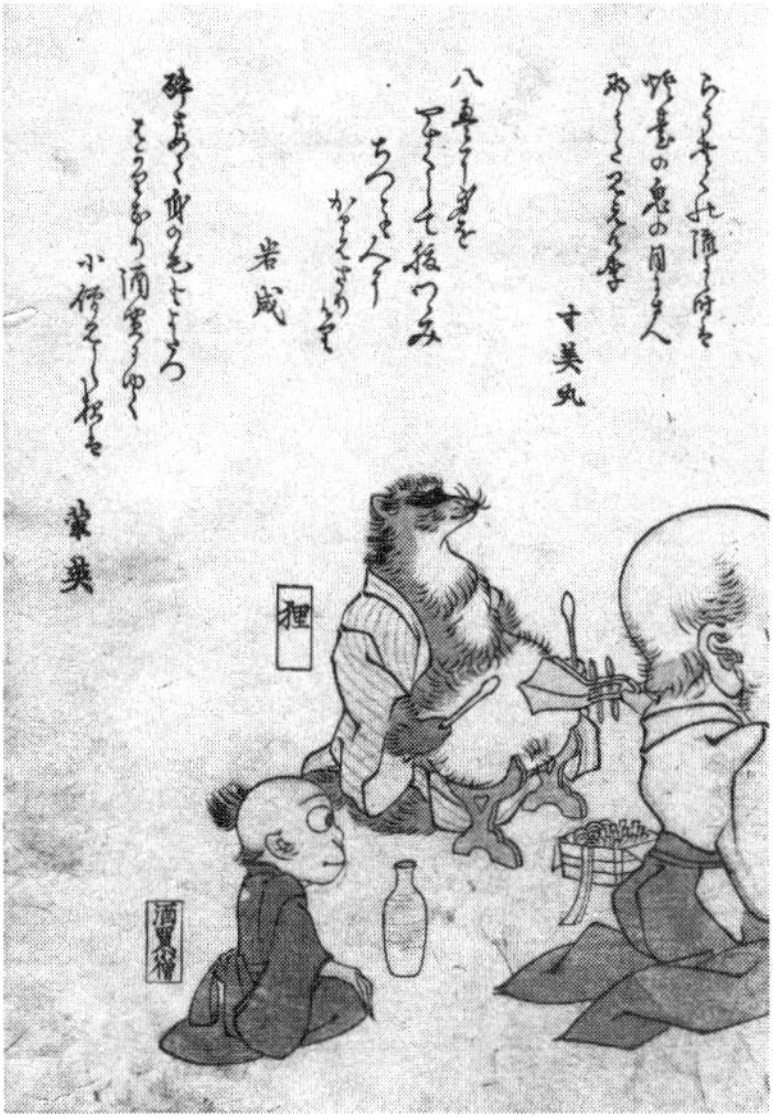

『狂歌百鬼夜興』狸の腹鼓（川崎市市民ミュージアム蔵）

　こういう怪音を一人ではなく、複数で聞くために、巷間《こうかん》の噂は広まり、世間話として定着した。いわゆる共同幻聴の一種であり、柳田は、ふつう聴かれない印象深い音響の組み合わせが、時間が経過して一定の条件の下に鮮明に再現してくるのを、その時また聞いたように錯覚する、「社会が単純で人の素養に定まつた型があり、外から攪乱《かくらん》する力の加はらぬ場合には、多数が一度に同じ感動を受けたとしても少しも差支へは無い」（『山の人生』）と説明している。たしかに山間部の人里離れた奥深い地で、怪音を幻聴として「天狗倒し」「天狗笑い」「天狗囃」などと表現する事例は多いのであるが、狸囃子の怪音は明らかに大都会である江戸・東京、そして金沢により広く聞かれていた。鏡花は「音も人の心により違へり」と要諦《ようてい》を喝破した発言をしている。

2　鏡花の幽霊・妖怪観

「江戸に生れ、江戸に育つて、遂に江戸を捨て、短い生涯、江戸を望み暮した母の心をよるべとしたのが、鏡花小史の文学であつた」（折口信夫「『露芝』解説」『折口信夫全集』第二十七巻）といわれているように、鏡花文学は安永・天明年間（一七七二―八九）から化政期（一八〇四―三〇）にかけて栄えた江戸の町の文学の系譜にのっているのである。江戸以来の江戸小市民の感覚によく通暁したが、とりわけ都市の民俗文化に密着できる感性を備えていたのであろう。江戸から東京への転換の目まぐるしさはあったにせよ、都市としての江戸のもつ小市民的文化のありようについて、鏡花自身のとらえ方は、かつて育った金沢での体験が常に一つの下敷きとなっていたことは、この狸囃子の捉え方をみても理解できるのである。狸囃子は、都市の発する音なのである。町に住む人間の都市生活の複雑なひずみで、いかようにもひびいてくると、鏡花は考えており、これはインテリらしい合理的解釈でもある。松原純一も、鏡花が、幽霊・妖怪の実在は信じていたが、それに対する恐怖感はもっていなかったと記している。その根拠の一つに、かつて芥川龍之介に対して、「その昔子供の頃、金沢で、どちらか親御の薬とりに夜ふけてゆく、こういうわけだから化物よ、出ないでおくれといえば化物は出なかった」といったという（松原純一「鏡花文学と民間伝承と」）。「陽炎座《かげろうざ》」（大正二年）の中で、狸囃子を聞いている箇所がある。隅田川沿いに来て、長崎橋を渡るところで、その怪音がひびいてきた。「春たけて、日遅く、本所は塵の上に、水に浮んだ島かとばかり、都を離れて静であつた。屋根の埃も紫雲英《げんげ》の紅、朧《おぼろ》のやうな汽車が過ぎる。其の響にも消えなかつた」とある。春の黄昏時近く、川面を見る橋の上という境界領域で、不思議の音を聞いたことを鏡花は印象深く描いているのである。

明治二十八年三月の作品で「神楽坂七不思議」という小品がある。東京の民間伝承である七不思議はあちこちに作られていたが、鏡花は神楽坂の七不思議をとり上げている。

一は「しゝ寺のもゝんぢい」で、大弓場の老爺《ろうや》の独特の愛想笑いが不思議だという。二は「勧工場の逆戻」、ふつう入口と出口は別々なのに、牛込の勧工場は、出入口が同一なので不思議だという。三は「藪蕎麦《やぶそば》の青天井」、夏は屋根の上に柱をたて、蓆《むしろ》を敷いて客を招く。四は「奥行なしの牛肉店」、これは表側は間口が広く堂々たる店構えだが、中へ入ると奥行はなく、座敷は三角形をしているという。五は「島金の辻行燈」、家は小路の奥、通りの角に「蒲焼」の行燈がある。行燈の前は仕立屋で、間違えて入ってしまうという。六は「菓子屋の塩餡《しおあんこ》娘」、この娘つんとすましている舞《ぶ》愛嬌者《あいきょうもの》、それにもかかわらず味は甘い。七は「絵草紙屋の四十島田」、これは曲者《くせもの》の女主人で、ひやかし客がいると、小僧に「紅葉さんの御家へ参って」などと平気でいって脅してみせるので、「気が知れないから不思議なり」と記している。

鏡花はここで江戸・東京の小市民の生活意識を端的に捉えようとして、この七不思議をわざわざ記録にしたのだろう。いわゆる怪異現象を不思議とみなす感覚は、潜在的な恐怖感にもとづいている。鏡花にしろ、柳田と同様、妖怪への対処の仕方を十分に了解していたわけで、出現の場所や時間と関係がないならば、超自然現象を別段恐れることがなかったのである。神楽坂の七不思議は、「世の中何事も不思議なり」という認識によって発せられたもので、とくに怪異とはみなされないが、人事一般の不可解な状態を、ユーモアをまじえて簡潔に表現した内容である。ジョークの分かる者のみだけが、笑いの対象にする程度のものであるが、これを七不思議としてもてはやした都市民の日常感覚を探る意味で面白い。

柳田國男は「吾々の不思議の国は荒れました。一筋の径は雑草に蔽《おお》はれて、もはやプロムナードに適しなくなりました。鏡花先生の殊《こと》に愛せられる青い花のありかゞ、いよ〳〵不明にならうとしてゐるのであります」（『一つ目小僧その他』角川ソフィア文庫）といっている。そして不思議現象が、なにも夜の世界に限られるものではなく、青天白日の下でも神秘性がかつてあったことを再確認する必要性を説いている。しかし、それはとても明らかにできない人類の秘密であり、神韻縹渺《しんいんひょうびょう》の間を行かねばならない作業なのであると妖怪研究の方向を説いている。

昭和三年六月十九日午後六時より、新橋の料亭「花月」で、「幽霊と怪談の座談会」が行われた（「主婦の友」昭和三年八月号）。泉鏡花、柳田國男を中心に、里見弴《とん》、長谷川時雨《しぐれ》など合計八名が参加している。鏡花が進行係を努めており、集まった各自の怪異体験を語らせている。席上柳田の発言は、主として化け物と人間の間にとり交わされた掟についてのどちらかというと学問的な説明であり、鏡花ともども、妖怪の存在を認めた上で、他の参加者の話を引き出そうとしている。そして鏡花は、柳田の説明した「お化けの法則」に同調するのである。「泉先生のお書きになるものは、実際にあつた話もあるでせうね。それとも純然たる先生の御創作ですか」という記者の問いに「さあ困つたな、何しろ私はなか〳〵の迷信家ですから」と鏡花は答えている。

鏡花が金沢で過ごした時期の体験らしき内容の怪談にもとづく小品が二つある。一つは「妖怪年代記」、他は「怪談女の輪」で両者とも金沢市内古寺町の松川塾に起こった怪異現象であった。この塾は、かつての武家屋敷の跡であり、「血天井」「不開室《あかずのま》」「庭の竹藪」という三つの不思議を伴う化け物屋敷である。前者のストーリーは、主人が愛妾を人の中傷を信じて惨殺した処刑の場が開かずの間と血染めの天井となり、裸体にして投げこんでいたという竹藪と道具立てがそろっている。事件後お家断絶のまま放置されていた屋敷で、明治に塾になっても、その空間だけ隔離されている。寄宿生となった若者が女の幽霊に出会い、恐怖の体験を味わうことになっているが、実は幽霊は塾長の松川某の不良の妹がひそかに折檻《せっかん》されていた状況を錯覚したのだという結末になっている。

こうした説明からも鏡花自身の知識人としての合理精神は否定されるべきものではない。しかし、鏡花が金沢と東京という代表的城下町の民俗文化を人並み以上に感受していたことが、柳田や折口の民俗学の理解と通底し合うことは明らかだろう。

第四章　近現代社会の妖怪

一　若者の霊魂観

1　生死の境をさまよう話

若者たちが怪奇現象に関心をもつ前提には、現代人の霊魂観の傾向があると思われる。

霊魂の問題というと、人はいろいろなことを想像する。現代もっとも話題となっているのは、臓器移植やクローン胎児の利用といった衝撃的な事実であろう。そしておそらく誰もが関心を寄せるのは、人の霊魂はどの段階で人に宿るのかという点ではなかろうか。

臓器移植の前提にある脳死の位置づけが不分明である点に人々の批判が集中していることも明らかである。そのためなかなか国民的合意を得られないでいるのも、脳死の判定がこうした霊魂観に整合しきれないでいるためである。脳死の状態になっても霊魂がまだ自由自在に出入りしているのではないかという疑問を棄て切れないでいるのである。そのことと関連して脳死体験のフォークロアが日本では他民族とくらべて相対的に多く語られていた。柳田國男の『遠野物語』にも豊富な事例がみられるが、こうした仮死状態の経験の内容はきわめて類型的な点が興味深い。たとえば、次のような例がある。

「自分は体がひどくだるくて、歩く我慢もなかったが、向こうに美しい処があるように思われたので、早くそこへ行き着きたいと思い、杉並木の広い通りを急いで歩いていた。すると後の方からお前達の呼ぶ声がするので、なんという心無い人達だと思ったが、段々呼び声が近づいて、とうとう耳の側に来て呼ぶので仕方なしに戻って来た。引き返すのが大変嫌な気持がしたと。その人は今では達者になっている」(『遠野物語拾遺』百五十五話)

死の世界は美しい場所であり、多くの場合、お花畑であったりする。またお寺の門をくぐった所とか、川の向こうの岸といった点で共通している。いずれも身体を離脱した霊魂が経験していることを物語っているのである。

あの世へ行って蘇生した人のことを、沖縄では「後生戻い(ぐそうむどい)」とよんでいた。とくに民間祈禱《きとう》者であるユタが介在している事例が多い。次のような話もある。

沖縄本島北部の喜如嘉《きじよか》で、ユタの老婆が墓の中へ歩いていく若い娘を見て、それがイキダマ（生魂）であることを知り、若い娘をとどめて、娘の家に案内させる。入口でその女の姿は消えた。家人は、その娘は現在この家には居らず、本土の紡績工場で働いているという。ユタは今、娘のイキダマが墓の中に入ろうとしたので助けたいといい、拝みを行って、抜け出たタマを元へ戻した。ちょうどその時、娘は重病にかかっており、意識を失っていた。沖縄の故郷でユタが拝みをしている時に、白い衣裳の老婆が娘の枕許《もと》に現れ、この娘に、虫を二つ吐きだせば命が助かるといった。その後この娘は白い虫を二つ吐きだしたのを看病している人が見たという（新城眞恵『沖縄の世間話』青弓社）。

生死の境をさまよう時の出来事について、臨死体験のレポートが語りとなる必然性は、このような霊魂観と関わっていることが明らかである。

南方熊楠《みなかたくまぐす》も、熊野地方で、人が死んだ折、いそいで枕飯を家人が炊いている間に霊魂が妙法山へ詣でるという言い伝えを記している。その霊は人の形をとり、山に登る途中、茶店に立ち寄って食事をして、かならず食椀《しよくわん》をふせて、お茶は飲まないで去っていくという。以前、病人が死ぬ前に寺に行って茶を飲み、死後はお茶を飲まないとする説があったけれど、それが分離して別々の話になったのではないかと南方は説明している（「郷土研究」一九二六年）。

これは死の直後、霊魂は肉体を瞬時に離れ、いったん寺や霊場に行くことによって、悪霊化しないことを意味しているのだろう。ふたたび家に戻った霊は今度は生者たちから、ねんごろな供養をうけ、安定した状態になってからいよいよ墓地に向かい、墓前において肉体と完全に分離することになる。

函館にある函館大妻女子高校の久保孝夫教諭が、女子高校生たちが語っている不思議な話を一冊の本にまとめている。そこにもずいぶん数多くの女子高生たちの霊魂譚が語られているが、傾向としては『遠野物語』や南方熊楠が集めた話と大差ないことが注目される。

ということは、こうした霊体験は、人間の脳の一部に原体験の記憶としてインプットされているからではないだろうか。それがどの時点でされたのかは定かではないが、人類が未知なるものと遭遇した際のさまざまな経験がそのまま沈殿し堆積している流れが、世代を超えて伝承されているのではないかと思われたりする。

ところで、その女子高校生の話を久保教諭の採録した事例から二例あげてみたい。

「生き返ったお祖父さん」の話は次のようなものである。

「友だちから聞いた話です。お祖父さんが亡くなったので、お通夜をしていました。お祖父さんの顔に白い布が、かぶさっていました。その近くで子供が一人遊びをしていました。他の人はみんないろいろやっていました。ふと子供のお母さんが来て、お祖父さんの顔を見たら白い布が落ちていたのです。風かなんかで落ちたと思い布をかぶせ、また用足しに行ってしまいました。しばらくしてまたお母さんが戻ってきたら、また布が落ちていました。そしてお祖父さんの目が開いていました。お母さんはいたずらだと思い、子供をしかりつけましたが、泣きながら否定するもんだから、おそるおそる話しかけてみました。『お祖父さん？』するとお祖父さんはまばたきをしながら『あん？』といって生き返ったそうです。そのお祖父さんの話によると『自分はまだ飯を食べる回数が少ないから戻れ』と大男か誰かにいわれて気がついたら、この世だったとのことでした。そしてお祖父さんは一年後にちゃんと死にました」。

次は「三途の川」である。

「私が小学生の時、母から聞いた話です。母は小さい時、病気で意識不明の重体になったことがあるそうです。その時、母はお花畑に自分が立っている夢をみたそうです。お花畑の近くには大きな川があり、一艘《そう》の船が浮かんでいて、その船に乗ろうとした時、川の向こうで死んだお祖母ちゃんが、『この川を渡ってはだめ。こっちは死の世界だから来てはいけない』といったそうです。母はその川を離れてから間もなく意識が戻ったそうです。母は『きっとあれが三途の川だったんだ。もし、川を渡っていたら死んでしまっただろうね。お祖母ちゃんが助けてくれたんだ』といっていました」（ともに久保孝夫『女子高生が語る不思議な話』青森県文芸協会出版部）。

前者のケースでは、いったん死んだと思われていた祖父が、お通夜の最中に生き返った。顔を覆っていた白布が二回落ちて祖父が眼を開けていたという事実があった。祖父は甦ったが「自分はまだ飯を食べる回数が少ないから戻れ」と、こちらの世界に引き戻されたという体験である。あの世とこの世を往来する微妙な時間帯に孫が祖父の枕許に座っていたことは、偶然といいながら祖父母と孫の霊的な関係を示しているのかもしれない。

後者の話は、仏教的知識が介入していることが分かる。重体になって本人は意識不明であるが、脳の働きは一つの体験を記憶に残していた。それはお花畑があり、近くには大きな川と船がある。川向こうには以前死んだ祖母がいて、この川を渡ってはいけないという警告がある。そして意識が戻り、甦ったのである。

二話とも典型的なフォークロアとなっており、それを聞く高校生もそれほど違和感なく受けとめているのである。

2　若者の夢占いとメディア

ここにいく人かの女子学生の体験談がある。

ある学生は中学三年の始業式の前日に、学校に行った夢をみた。そしてクラス名簿を見て、「なんだこんな顔ぶれか、まぁいいや」と思った。次の日登校してみると、夢でみたとおりのクラス分けになっていた。クラスが決まる前に自分は夢の中で自分の同級生をぜんぶ認知していたということになる。自分の隣りの席に座っていた人も、前の晩にみた夢の中の人と同じだった。

また、別の女子大生の話では、どこかの海に近い町にいた夢がある。ずっと海の音がしていて気分が悪かった。そのうち海の方から白い服を着た人たちが大勢現れて、民家のあるあたりに向かってきた。町の方まで白い着物の人たちが一杯になると、今度はまた海に向かって帰りはじめた。帰っていく人の中には白い着物を着ていない人も混じっていた。心なしか、海から来た人の数より人数が増えているようだった。自分もついていこうとしたが、海の近くの神社に生えている松の木の下にいた人が声をかけてきたので行くことができなかった。朝起きると、明け方にある地方に大津波が起きて、死者・行方不明者が多数出ていた。夢と関係しているようで少し怖かった。この女子大生は、大津波が起こって人が死ぬ、その場所の夢を先にみていて、自分は第三者だからその危難を免れたということになる。こういう、あらかじめ事件の前兆をみる人がいることになる。この女子大生は次々と同じような夢を語っている。

友だちの家の別荘に行った時に、着いてすぐにみんなで家の掃除をしていたら、一人だけすごい勢いで掃除している女の子がいた。別荘の持ち主に似ているけれども、着ている服が違っていたので別人と思われた。用事を頼もうとするといないので、みんなあっけにとられたが、よく考えると、それはどうも霊魂だったらしいという。ちなみに、五人中三人が目撃しているので、気の迷いでもない。幽霊なのになんで誰も不思議に思わなかったんだろうと、後で思った。

こうした事例は、女子学生が霊的な力に敏感なことを示している。この女子学生は「トイレの花子さん」についても語っている。小学校三年の時の体験で「小学三年生」という雑誌で花子さんの記事を読んだという。自分の学校にもトイレに花子さんがいないか、体育館とか女子トイレにいるかもしれないと思い、友だちを集めて先導して実験をしてみた。そのうち大勢の人数が参加して、みんなでトイレの花子さんを探しだそうとした。しかし、みつからなかった。もう飽きてやめた頃には、花子さんがこの学校のどこそこに出るという噂だった。高校二年の時、学校で誰かがトイレをノックするという怪談を聞いた後、いつもと違う階のトイレを使った。すると、扉をコッツ叩く音がするので驚いたが、すぐに扉が傷んでいることに気がついて、友だちと笑い合った。ところが二、三日すると、そのトイレに霊が出るという噂が学校中に広まっていた。この噂の根源はこの女子大生だった。噂は全然それとは関係なく広まっていて、こういう噂話を作り、語りだす担い手として女子大生がいる。

こういう若者が現代社会にはまだたくさんいるにちがいない。彼女のパフォーマンスから生じたものが、それを支える担い手の人々がそれを真実と考えて、噂として伝播していくという構図がある。その結果、現代の都市の中では、メディアの媒介によって噂はますます広がっていく。ということは、逆に、「この世が終わる」ということを排除する時のキヨメの思想の中にこうした女性たちが位置づけられることによって、悲惨な災厄をもたらす事件が解消される方向が、民俗古層の中からみえるのではないかと思われる。

現代日本における世紀末の世相には、とりわけ日常化した神秘主義が目立っている。そしてその基層には民俗文化の核が横たわっていると考えられる。これが一つの文化の型をなし、それが基層から表層に浮上する時、占いや新宗教が一挙に巨大化する。その引き金の一つにマスメディアの介在があるだろう。ノストラダムス世代とよばれる若者たちが、ひたすら精神世界に埋没していた理由の一つは、一九九九年の終末という幻想的イメージによるものである。これが九〇年代に入って日本社会の上ですっかり日常化した。この現象に対応して占いブームがあり、若者の間で占いのはしごが流行した。この前提には、毎日の時間を区切る暦を自ら作ったという江戸以来二百年近くかけて定着してきた占い文化の存在があった。かつて江戸の人々は「大雑書」の暦を用いて生活の知恵としたことがある。加えて、現代では霊魂の駆使、統制といったメディアからの仕掛けがあって超能力ブームとなった。死後の世界を信ずる若者世代は約七十パーセントあり、これまでの日本人の伝統的な現世主義のベースが崩れつつある状況でもある。

こうした傾向を助長するのがメディア感覚である。現代の多様なメディアの情報が生活化するという現象が生じた。民俗文化が脚色されたり、演出されて、新たな都市の民俗文化に変容することにより、事実とフィクションの関係がますます曖昧《あいまい》となったことが、若者たちの幻想を妄想へと駆り立てていったのである。

二　都市空間の妖怪

1　現代都市妖怪の前景

現代の大都市空間に語り出されている妖怪《ようかい》現象をとらえる場合に、一方に大衆文化論としてメディアやマスコミの介在によっていちじるしく増殖する怪異話が存在し、その表面的な現象が一過性のまま、やがてすたれ忘れ去られていく結末をとることは多い。しかし、表面的な流行現象であっても、一時期それは妖怪として語りだされ、記憶にとどめられるなら、それは無意識のうちに私たちが永い間培っていた民間伝承の基層文化と結びつくはずである。そこでそのつながりをみるために妖怪の伝統イメージの要点を以下に整理しておきたい。

一九三〇年代を境にして、日本人の原初的な感情が消滅してしまうことを恐れた民俗学者柳田國男は、全国の妖怪に関する民俗語彙《ごい》の収集をはじめており、妖怪研究は民俗学の分野として確立するに至った。妖怪は人間にとって未知なもの、不思議なもので異界・他界に属するものである。それがこちらの世界に何らかの形で問いかけてくる。この関係は、人間が妖怪にいだいていた畏怖《いふ》の感情が次第に恐怖感に変容していることを示している。そのプロセスの中から、豊かな想像力を駆使した、さまざまな妖怪イメージが生まれ、怪談・ホラーが語られて尽きることがない。

妖怪と日本人との交渉には、ほぼ三段階の変遷があったと想定されている。

第一段階では、妖怪の出現に、人は敬してこれを遠ざけ、妖怪が出ると、人は恐れおののいて逃げた。この段階では、人はまだ妖怪を崇《あが》める風もあったから、妖怪は、時として人に幸いをもたらす神としての機能を示すこともあった。

第二段階では、人が妖怪に挑戦していった。気味が悪いという気持ちはあっても、何の馬鹿げたことをと、進んで妖怪の力を試そうとした。そこで妖怪は霊力をふるって、人を翻弄《ほんろう》することになる。人が妖怪をやっつけようとして、逆に散々な目にあった話はすこぶる多い。

第三段階では、霊験あらたかな神仏の援助や、策略に富んだ人間の知恵をもって、妖怪をこらしめ、二度とその出現を許さぬようにしてしまうことになる。この段階では、妖怪は馬鹿者扱いされてしまっている。

日本の昔話や伝説には、この三段階が錯雑して語られているが、共通していえることは、妖怪の方で積極的に人に対し悪事を働くことがないことだ。人を脅かすにしても、脅かす蔭《かげ》からチラリと好意や愛嬌《あいきょう》をのぞかせている。

日本の庶民たちが考えていた妖怪像は、もともとこのように善魔的要素の濃いものであった。これを奇怪なデフォルメされた具象に表現し、悪業のみを行う妖怪に仕立てたのは、後世の人たちのなせるわざであり、人間世界の歪《ゆが》んだ想像にもとづくものであるといえる。

これまで日本の各地に伝えられるさまざまな妖怪は、民俗学の立場からは、出現の場所を基準として、一応次のように分類・整理されている。
○山の妖怪……天狗・鬼・山男・山姥《やまうば》・山童《やまわろ》・山彦《やまびこ》など。
いずれも山の神信仰の零落したものである。深山で大木を伐《き》り倒すような怪音がひびくことを、テングナメシとかソラキガエシというが、これも天狗など山の妖怪の仕業と思われている。
○路傍の妖怪……狐や狸の化けたもの・見越《みこし》入道・雪女郎・ウブメ・ヒダルガミなどいろいろの種類がある。道傍を通る人に呼びかけるオイテケボリとか、米や小豆をとぐ怪音をたてるコメカシ・アズキトギなどもここに入る。

○家・屋敷の妖怪……納戸《なんど》婆・ザシキワラシ・クラボッコ・枕ガエシなど、家の守護神の衰退した姿である。

○海の妖怪……海坊主・磯姫《いそひめ》・海女《うみおんな》など。舟幽霊は水死人の亡霊であるが、特定の人に祟《たた》るわけではなく、海上の比較的定まった場所に出現する点で妖怪に入る。

○川の妖怪……もっとも知られた河童のほか、瀬坊主《せぼうず》、瀬女《せおんな》など。水神信仰の零落した姿と考えられている。

そのほか、場所の分類に入らない妖怪もいる。村の中をあちこち巡回する場合で、関東地方に多く分布するミカエリバアサンとか一目小僧など。また神と妖怪の境目あたりに位置すると思われる疫病神・貧乏神などがある。

民俗学が対象とする妖怪たちは、いずれも日本の民衆が長年にわたって現実生活の中で経験してきたものばかりである。したがって、中国の文献などから想像して作りだした妖怪たちとは、区別して扱わねばならない。

たとえば河童の背景には水神、天狗の背景には山神、ノッゴの背景には野神、といったように、表面的にはごく些細《ささい》な妖怪たちであっても、追究していくと、日本人の信仰史に関わる重要問題を秘めていることも分かる。

近年の物質文明の進歩で、妖怪の出現する場所が失われてしまったといわれている。宅地造成や高速道路建設で、かつて妖怪たちが独占していた路傍や野原などが次々と破壊されていった。おまけに妖怪出現に必要な黄昏時《たそがれ》、逢魔《おうま》が時の薄明も追放されてしまった。大都会にはネオンが煌々《こうこう》と輝き、暗かった田舎道にも至る所に街燈がついてしまった。

私が子供の頃には、便所に行くのも恐かったくらいであったし、以前の住居は、便所が母屋とは別棟になっていた。昼間でも薄暗くジメジメする所に作られていたから、夜になるといっそう不気味となる。祖母に聞いた数々の化け物がどこかに影を潜めているものとビクビクしていたものである。ところが今の子供にはそんな経験はない。単純・素朴な思考形式が支配する社会では、多数の者が共同幻覚にひたることができた。明治生まれの古老ならば、その昔語りにかならず妖怪と出会ったという経験を語ってくれる。狐や狸に化かされた話、天狗が頭上高く飛翔する話等々、どれもこれも村人の多数が同時に経験し、お互いに認め合ったのである。

今はそうはいかない。いかなる非合理性も合理的に解釈せねば承知できない。そうした人間の知性の進歩、社会の進展に、妖怪たちはもはや対応できないかにみえる。子供の世界ならば、「オバケのQ太郎」や「ゲゲゲの鬼太郎」、怪獣ゴジラや化け猫などに若干の真実性を認め、恐怖もいだくが、己れを承認させることに全力をあげてきたかつての妖怪たちが果たしてそれで満足するかどうか。

こうした状況下で、妖怪の将来を眺めるならば、おそらくは、やがて妖怪たちが非人間化した物質文明に対して一大挑戦を試みるのではないだろうか。人間たちに好意を寄せ、しきりに人間と交渉をもちたがっていた妖怪たちが、自分らを無視する人間たちを黙過することはあるまい。もっとも現代に適応できる型を選定して、ふたたび人間界に何らかの交渉をもってくるものと予想されるのであり、そうした新しい妖怪像を新たに発見する必要がある。

2　学校の便所と怪談の流行

お化けの出現するシーズン、旧暦に即していえば、八月の頃、ちょうど夏休みの最中ともなると、お盆になるとあの世から精霊をはじめ異形のものが来訪してくるという民俗信仰を背景に、子供と妖怪変化の関係がクローズアップされる。

日本文化の中には、モノすべてに霊魂が籠《こも》るという精霊崇拝（アニミズム）が色濃く存在し、人霊《ひとだま》をはじめ動物霊や器物の霊などが手を替え品を替え、メディアの媒介もあって登場する。ひと昔前だと化け猫映画が定番だったし、女性の幽霊を扱った怪談映画が欠かせなかった。しかし数年前から「学校の怪談」が大変人気を集めている。これは民俗学的には都市伝説・現代伝説とよばれる範疇《はんちゅう》に属していて研究者の間でも多くの類が収集されている。

学校という特別な空間に、さまざまな霊魂が集結し、不思議な出来事を巻き起こす。怨み、祟《たた》りを前提にして、オカルト・超常現象などが「学校」を舞台に発生するのである。とりわけ学校の中でも、便所に怪異が起こることが語られているが、それと関連してかつて江戸の絵師、鳥山石燕《とりやませきえん》が便所の妖怪を描いていたことを思い出す。便所に「がんばり入道」という妙な名前の妖怪が出る。大晦日《おおみそか》の夜、便所に行き、「がんばり入道ほととぎす」と唱えると、その妖怪に出会わないで済むという。かつては盆のほかに年の暮れも妖怪が出現するシーズンであり、大晦日の夜にさまざまな霊がさまよったらしい。

便所の怪異は近年の「トイレの花子さん」とも通じている。霊魂は空中を浮遊するというより、限られた空間に集中し、そこに籠るものと信じられていた。その場所は共通して、あの世とこの世の交錯する境界地点であった。四辻や三辻などはその一例である。お祭りの時、町内の氏子が町角ごとにお札を貼っているシーンによく出会うが、そこは悪霊などが出やすい境界地点なので、魔除《まよ》けの札が貼られるのである。

また、隙間や凹んだ所にも霊が籠る。ほんのわずかな隙間、戸袋などに女人の幽霊を見たという話もある。橋のたもとの柳の木の下、橋の上の真ん中やたもとなどにも怪異が起こりやすい。京都の一条戻橋の真ん中で葬送の行列の棺にあった父親の死骸に霊魂が戻ってきて、父親が甦ったという平安時代の故事もある。やはり京都の清水の三年坂は途中で転ぶと三年以内にぽっくりと死んでしまうとの言い伝えもあるが、いずれもその地点があの世との境界に当たると思われていたからである。

化け物屋敷というのも、たんに古い家に妖怪が出るという話だけでなく、その屋敷の立地条件が影響している。近くに墓地があったり、坂の途中や四辻の隅であったりして、その家の不幸が続き、自殺者が出たりして、放置されたままの状態だと、自然に化け物屋敷と称される。さらにその屋敷の中に入ると、かならず「開かずの間」という空間が隠されている。古城には人柱になった女人の幽霊が天守閣に籠っているとの伝説が生じていた。西欧にもポルターガイスト（心霊現象）の起こりやすい部屋がしばしば特定されている。日本でも屋敷の内部に古井戸があった所とか納戸の床下などに死体が埋められていたという話も多い。

各地の遊園地で人気を集める見世物の化け物屋敷は、みえない霊魂を異形に仕立てて疑似的に出会わせるという空間だが、それが江戸から明治にかけて、両国橋の東側の川向こうのたもとに集結していたのも境界意識の反映だろう。

そうなると「学校の怪談」の舞台になる「学校」にも同様な場所性がある。とりわけ地域開発を進める近郊都市で、かつての墓地や神社の森をつぶした跡地に学校を建てていたりすると、怪異談が発生しやすい。都市により多くの霊が出現するのは、都市の複雑な人間関係が怨み、祟りを生みだすためで、それが「学校の怪談」として表現されているのは、妖怪を通して子供たちが大人たちに何らかの警告を発しているのかもしれない。

注目されている「学校の怪談」は、学校の怪談編集委員会編のシリーズものがすでに十五冊刊行されており、常光徹や米屋陽一といった民俗学者たちの手によって本格的な研究もはじまっている。この手のフォークロアは、欧米の民俗学、とくにアメリカ民俗学が、モダンフォークロアを領域におさめて以来、急速に収集され、いくつかの成果が公刊され、日本にも紹介された。ジャン・ハロルド・ブルンヴァンの仕事などは、すでに四冊目が訳出され、話題を集めているし、ヨーロッパの都市伝説などもフォークテイルなどとよばれて収集されており、大変人気があるという。

ところで「学校の怪談」もそうした文脈の上に成り立っていることは明らかだろう

が、面白いのは、主にインフォーマントが小学生に絞られていることだ。かれらは成長過程にみられる鋭敏な感受性を発揮して、大人がすでに見失っている未知との遭遇に対して、みえない世界をよりヴィヴィッドに顕在化させようとしている。次々と噂は伝播し、かつ類型性を帯びて半ば真実と信じられていく、そうした心のうちがよく反映されており、子供にとっての「現実」が端的に表現されている貴重なデータといえるだろう。

放課後の校舎がいわば闇の森閑とした空間となることは、誰もが体験してきたことだ。私にも戦時中の古びた木造校舎や二宮金次郎の像のある学校生活があった。しかし学校そのものが怪異の舞台となっている話はほとんど聞いていない。子供仲間の肝だめしで、深夜墓地へ行ったり、ろくろ首や蛇女の縁日の見世物やお化け屋敷の記憶はあるが、「学校の怪談」の話題には乏しかった。

怪音、怪火は闇の空間につきものであり、山中の天狗倒しや天狗笑いなどは、古き良き時代の妖怪話には欠かせない。現代の学校に出現するパタパタ、テケテケ、コトコト、カタカタの妖怪などは下半身がないという。擬音を伴って出現する幽霊のようでもあり、しかも時間は四時で四時ババなどと、「四」＝「死」にこだわっている。

常光徹が発見した学校のトイレにまつわるフォークロアも最近「赤いはんてん」を

着た老婆のイメージとなった。そのほか赤いちり紙、赤い水、赤いマントの「赤」にこだわるものは、血の色でもあろう。都市のコンクリート造りの巨大な校舎の一隅に設けられた清潔感のあるトイレは、木造校舎の悪臭ただよう肥溜《だ》めの便所と大いにちがう。不思議なことにご不浄のイメージのある便所よりも、浄化装置の十分な清潔なトイレに血だらけの場面が顕《あら》わになっている。学校のトイレは、現代の「都市」の凝集した空間なのであろうか。

学校に出現する幽霊は、同齢感覚に支えられた級友仲間に語りだされているのも特徴がある。昨日まで一緒に机を並べていた友だちが急にいなくなる。神隠しではなく、そのほとんどが交通事故によるものだ。当然、その子の幼ない霊魂が思いをこの世に残すから、級友たちの間に、霊が甦ってくる。現代都市の学校生活の中に、そうした信仰が自然に発生しているのかもしれない。

死霊が出没してくるのは、学校がかつて古い墓地を壊して埋めた土地の上に建っているためだという説明はよく聞かれるが、それよりも、現代人の生と死にまつわる潜在意識が十〜十二歳ぐらいの間のどちらかというと女生徒の口伝えに語りだされているという傾向がある。モチーフそのものは、類話をみてもけっして目新しいものではないが、陰惨とした場面が怨霊化した死霊によって占められつつあるのが何とも気になって仕方がない。現代都市の闇の語りの場として「学校」が選ばれてくる必然性を突きとめることも、現代民俗学に課せられたテーマといえるだろう。

学校の怪談の伝播者、担い手はもちろん学校の子供たちであるが、これには三つのタイプがあると川崎市市民ミュージアムの高橋典子が分析している。一つはもっぱら聞き役の子で、二つは本やテレビで学校の怪談の知識を集めてきて友だちに伝えている話好きの子である。三つは自分が体験したと告白する子である。

二と三のタイプのうち、話し役の子は出所不明の噂話をあたかも自分の学校で起こったことのようにアレンジするらしい。告白する子は、嘘なのか本当なのか自分で見分けがつかなくなっているという。聞き役の子はまったく疑うことをしないで信じてしまうという。興味深いのは、校長先生が頻繁に登場してくることで、数年前に自殺してしまった校長が霊となって現れてくるという。権威の象徴でありながら、怪談では道化役になって出てきて、歌をうたったり、鏡に顔が浮かんだり、恨めしそうにのぞいているという。子供の妖怪イメージとしてかならずしも怨霊化した形をとらない点に特徴がある。

3　学園ホラーと都市伝説

学園ホラーとして評判の高い加門七海の怪談小説集『蠱《こ》』には、不思議なトーンがある。舞台は大都会の活気に満ちた大学生活であり、若くて勉学好きの男女の学生が往来している。民俗学の授業に出ている学生の知識が飛びかっていて、民俗知識がそのまま学園ホラーになるのは、ストーリーテラーの巧みな技であるが、民俗というものが、人間の太古からの記憶の再現として登場するところが面白い。

「蠱」を読むと、太古の昔から虫と一緒に暮らしてきて、異形の姿をもつ虫たちにいだいていた人間の恐怖の原初的な部分がみごとに表現されている。中国には道教が成立する以前に、蠱道《こどう》や蠱術《こじゅつ》が盛んだった。虫を駆使する呪者が、虫を統御して人に取りつかせて相手を殺すのである。人の身体は八万四の屍蠱より成り立ち、この屍蠱は胎内に巣食って人とともに生きていく。人が物を食べると、虫たちもそれを食べて生をうけ胎内を動きまわっているという説や、墓に埋められた死者の脳を食べて次第に成長し巨虫となり、いつも地下をはいずりまわっているとか、人の陰嚢《いんのう》のあたりに取りつき、人が寝入っている最中に腎の中に入り水分を吸いつくしてしまう虫など、不気味な毒虫の存在を、よく知る呪者が駆使した時代があった。この古い体験を「蠱」ではごくありふれた大学のキャンパスの中に甦らせた。とくに雌の蟷螂《かまきり》の獰猛《どうもう》さはよく知られているから、その蟷螂の生態が、人間の男と女の関係にあてはめられている。

まず雌の蟷螂がヒロインに憑依《ひょうい》してしまう。胎内に蟷螂が入り込んで、すでに胎内に宿っていた恋人との子だねを食べてしまう。次に蟷螂は恋敵の女子学生を殺し、最後は自分を裏切った男を腹の裂け目からあふれでた蟷螂の子が殺してしまう。日本では蟷螂が蠱術に用いられた痕跡を聞かないが、蜂《はち》、虻《あぶ》、蜻蛉《とんぼ》、蝶《ちょう》、蜘蛛《くも》のことは民間伝承に伝わっている。蟷螂の姿態と女の本性とが何となく結びつく気配がある。

「浄眼」は眼玉の妖怪を扱った内容である。江戸時代の妖怪画を見ると、眼玉のお化けがやたらに跳濦していた。巨大な眼玉が一つじーっとにらんでいたり、無数の眼玉が宙に浮いてこちらをのぞいていたりする。これは太古から人類が経験的に認知していた邪視の存在なのである。天孫降臨神話に登場する猿田彦命《さるだひこのみこと》は、その炯々《けいけい》たる邪視をつかって天孫の行列をさえぎったが、最後には天鈿女命《あめのうずめのみこと》の女陰の威力に敗れている。

邪眼に対して浄眼がある。人々はもっぱら邪眼の方に心惹《ひ》かれるようだ。作中、写真専攻の男は友人の眼が欲しくてたまらない。友人の写真はきわめて評判が高いのに対し、男の写真はさっぱり評価が得られてないからである。カメラアイが良くないのは、男の眼に欠陥があると思いこんでいる。つまり邪眼なのであり、そこで浄眼の友人の眼ととりかえようと画策する。たまたま現像室で事故にあい自分の眼玉が飛びだしてしまったので、その場に居合わせた友人を殺して浄眼を奪ってしまう。

日本の妖怪に一つ目小僧はよく知られている。隻眼隻脚というのは、二つの眼と二本の足をもつ並の人とはちがう存在を明示している。それは神人であり、眼一つというのはスティグマ（聖痕）と理解されている。ゲゲゲの鬼太郎などは、眼一つを売りにした正義の妖怪だから、その眼玉は浄眼なのであろう。浄眼の力は多く邪視となって現れており、妖怪たるゆえんでもある。邪視という古い記憶が現代カメラマンの若者の眼にすりかえられるというストーリーである。

「桃源郷」は、ミイラを素材にしている。日本のミイラ信仰はとりわけ山形県の湯殿山行人の入定ミイラに代表される。弥勒仏《みろくぶつ》は五十六億七千万年後に、この世に下生《げしょう》して衆生《しゅじょう》を救済するメシアニズムに支えられ、日本では中世以来高野山をはじめとする真言系の修験の即身成仏を求めるミイラ信仰と結びついた。弘法大師の入定伝説になぞらえて、弥勒仏下生の時まで、永遠不滅の生をもちつづけるためにミイラに化するのである。山形県の出羽三山の一つ湯殿山で修行する真言系の行人のみミイラになるための修行を重ね、入定自殺をとげる。その身体から内臓を取りだし、肉身はそのまま保留されて現在に至る。女子学生がミイラの村の出身であり、彼女は先輩の男の大学院生と恋仲となった。

ところでミイラになるための入定行為は、大正年間以後に禁じられており、現存のミイラはほとんどが江戸から明治期までのものである。ところが女子学生の村のミイラには、平成五年のミイラがあった。なぜなのだろうか。そこに慄然《りつぜん》とする謎がある。彼女はミイラの村の祭りに男を誘い、ミイラに仕立てていくという役を担っている。桃源郷というのは、この場合、弥勒仏がやがて降臨する至福の場をさすのだろう。このミイラの村には女しかいない。男だけがミイラ化し、女はミイラの袈裟《けさ》衣を食べて霊力を強めていくらしい。

この桃源郷は、女は男をミイラにし、その体液の染みついた袈裟衣を女が食べることにより生命力を増殖していくらしい。男はいけにえとなるのであり、その使者をその村出身の女子学生が果たし、ボーイフレンドを次々と桃源郷に誘い込むのである。

「実話」は学校の怪談の一つである。教室の窓ガラスに出る幽霊で、女子高校生の怪談である。犯人に追われた女子高生が窓を開けようとしたが、錆《さび》ついて開かなかったため窓際で殺された。その幽霊が長い黒髪姿で出てくる。そしてガラスに爪を立ててキキキィと音を立てる。主人公の女子高生はその幽霊を毎晩夢でみて、うなされている。同級の男子生徒の一人が超能力者として登場し、はげしく主人公の女子高生と争う。争いの結果、男子生徒は停学処分となる。ほっとした女子生徒はその夜風呂《ふろ》に入っているうちに不気味な黒髪が現れて驚きのあまり転倒して死ぬ。そして翌日、彼女は幽霊となって教室の窓際に出現し、怪談どおり窓をひっかくが、誰も気づかない。

「実話」の文章を引用してみよう。

——「その女生徒は逃げたんだけど、教室に追い詰められちゃったのね。もちろん助けは求めたわよ。けど、最終下校の時刻はとっくに過ぎていたから、学校には誰も残ってなかった。叫べば叫ぶほど、彼女を追いかけてきた奴に居場所を知らせるだけ。だから、彼女は窓から出ようとしたの。だけど、彼女が選んだ窓は、窓枠が錆ついていて開かなかったの。その上、強化ガラスだったから、窓を割ることもできなかったのね。彼女はとうとう、捕まって……、それで、殺されちゃったのよ」

「で？」

「今でも、窓に出るんですって」

「何が」

「もちろん幽霊よ。血塗《ちまみ》れの顔でガラスをね、キキィッて、爪でひっかくんだって」

顎《あご》を引いた上目遣いで、香野子《かのこ》は声のトーンを下げた。

これはラストの場面で窓際の幽霊となった女子高生の表現である。

窓から教室の中を覗《のぞ》くと、クラスメイトの姿が見えた。私の座っていた窓際には、きれいな花が飾られている。その向こうには、榛原の顔。

嘘つき。霊が見えると言ってたくせに、私の方を見もしない。

キキィ。

私はガラスを引っかく。

教師がテキストをぱらりと捲《めく》った。

榛原。

みんな。

いかにも境界地点に位置した幽霊の心境をうまくいいあてていて面白い。

加門七海の「実話」は、作者のあとがきによると、この話が創作であったにもかかわらず、ほとんど同じ出来事が発表以前に起こっていたという。たまたま出来事を伝えてきた者が、どうしたらよいのか相談している。タイトルが「実話」としているゆえんなのである。

こうした学校の怪談の類型性は噂のもつ一定のルールによるのであり、窓際という境界地点に異様なほどクローズアップがなされているのは、普遍化された無意識のなせるわざである。

島村恭則により、韓国の都市伝説が収集、分析されている（「都市伝説の韓日比較」「比較民俗研究」十二号、一九九五年）。そこでは日本の学校の怪談を上まわる恐怖話が数多く展開している。以下に紹介する事例をみると、韓国の受験戦争は日本の比ではないということになる。受験が引き起こす殺人、自殺のモチーフの一つにガラス窓の話がある。

次の事例は自殺の事例だが、受験戦争が引き起こす殺人について語られることもある。

「倭館にあるJ女子高等学校での話。十数年前、この学校には優等生が二人いた。

一人はいつも一等をとり、もう一人はいつも二等をとっていた。それで二等の学生は一等の学生に嫉妬をし、ある日学校の屋上から一等の学生を落として殺してしまった。その翌日、教室のその女学生の席は空席となっていたが、夜間自習時間に二等の学生がガラス窓を通して教室の中を見たら、いないはずの女子学生が自分の机で勉強している姿が見えた。その二等の学生はそのとき以後気が狂って、どこかで交通事故にあって死んでしまったそうである。（一九八九年五月、後輩である大学一年生の女性から聞いた。この話は彼女が問題の高校の三年生であったときに流行ったものという）」

この事例では明らかにガラス窓を通して幽霊の姿を確認している。ガラス窓を通して見ない限り、あちらの世界を見通すことができなかった。しかし、あの世をみることによって、こちらの世界の住人の学生は気が狂ってしまったということになっている。

もう一つの事例は次の話である。

「ある学校（名前はわからない）に、いつも一等だけをとる学生と、いつも二等だけをとる学生がいた。二等をとる学生は、どんなに熱心に勉強しても一等をとることができなかった。それでいつも一等をとる学生に対して、嫉《ねた》みと憎しみで一杯であった。ある日、正規の授業が終わった後で、この二人の学生だけが残って勉強していた。数時間後、一等の学生が窓辺に立って休んでいたが、この時、二等の学生は自分でもわからないうちに一等の学生を押してしまった。一等の学生は下に落ちて死ぬ。その後、二等の学生はいつも一等をとることができるようになった。そして、かなりの日数が経ち、この学生は自分の罪を忘れたまま学校に一人で残って勉強していた。すると、廊下の遠くの方から、『ゴロロ、ドン』という音が聞こえ、それがだんだん近付いてくる。学生は怖くなってトイレの中に逃げた。だがついに音の主はトイレの中までやってきた。学生は、音の主は一体何だろうと思い、トイレの戸の下の方にある隙間からそっとのぞいてみた。するとその学生はそのまま気絶し、死んでしまったという。『ゴロロ、ドン』という音は、死んだ一等の学生が、学校の中を二等だった学生を探して回っている時に出る音であった。なぜ、『ゴロロ、ドン』という音かというと、校舎から落ちる時に頭から先に落ちたのだが、死後もそのままの姿勢で、足ではなく頭が床を『ドンドン』叩きつつ体が『ゴロロ』と転がって来るからであった。そして、学生が気絶したのは、下からのぞき込んだ彼の目と、上下逆さまの死者の目とがぴったりとあったからである。この話は、韓国の大学入学のための『競争』があまりに激しいことから生じた話だと思う。（一九八八年、友達から聞いた）」

これもやはり二人の受験生の激しい争いの結果、ライバルを窓辺から突き落とすという殺人が発生する。次の段階で今度は学校のトイレが境界地点として登場する。トイレに逃げ込み、逆さの姿勢で下の方の隙間からのぞくと、逆さになって追っかけてきた幽霊の眼と見合わせることになり、失神してしまう。この逆さ幽霊のイメージは、窓辺から突き落とされた学生が頭部から地面に激突したのでそういう姿勢をとっていると説明されているが、逆さ幽霊は向こうの世界の構図であり、こちらからみると逆さになる。死者と眼と眼が見合ったというのは、同じ視線に立ったことになり、あちらの世界に引き込まれてしまったことになる。

以前、筑波学園都市に出現する妖怪・幽霊についての聞き書きがあった。一九八六年六月頃である。筑波大学の学生宿舎では男の幽霊と女の幽霊が相半ばして出現している。たとえば、空中を飛ぶジョギングしている男の幽霊がいたり、自殺した男の人の幽霊が出る。面白いのは、よろいかぶとをつけた武将の幽霊の話であった。肌が風化した老人の幽霊もあるが、首を吊って死んだ女子学生、十字路に立つ白服の女の幽霊などが、女の幽霊としてあげられている。

伝統的な子育て幽霊はよく知られている。大学周辺のつくば市小田には、昔、一軒のだんご屋があった。このだんご屋に毎夜だんごを買いに来る女性がいた。不思議に思った主人が、ある夜女の後をつけていくと、女は近くの山中に消えた。この山からは赤子の声が聞こえてくるといわれており、主人が入って調べると、頭の白い赤子が泣いているのを発見した。この赤子はだんごを買いに来る女性の子供だった。その女性は、栃木県出身の名主の娘で、夫が家出した後を追って筑波までやってきたが、小田集落で山賊に殺され、山中に捨てられた。身籠っていた女はその時、子を生んでしまい、その後幽霊になってだんごを買い、子に与えて育ててきたのであった。赤子は後世頭白《とうはく》上人とよばれる名僧になって、母の供養を盛大に行ったという。

これは類型的な話である。ここでは団子であるが、全国的に一番多いのは飴であり、餅、菓子などもある。高僧名僧の異常出誕がほとんど結びついているという特徴がある。しかし、現代まで伝承された契機は、何といっても妊婦の死と埋葬後の出産という異常死葬法が説かれるほどに、ふつうの村人にとってショッキングな事実であったろう。幽霊となって子を育てるというのは母性本能の発揮を意味し、時代を超える要素なのである。

学園都市の一角のつくば市桜には石投げ灯籠《とうろう》の話があった。かつてこの地にあった姫屋敷に高貴の女性が住んでおり、その女性の霊がのり移っている灯籠だという。近くを悪心をもつ者が通りかかると、どこからともなく石が飛んできて、悪人を追い払ってくれるというのである。

これらの幽霊話は伝統的な類話も数多くあり、筑波学園都市内部だけの話ではない。前出の学生宿舎の幽霊話とくらべると、その成立の時間的な深さがはっきりしている。団子を買いに来る子育て幽霊が学生の幽霊話には入ってこないことは明らかであるが、女子学生の死霊が甦ってきて幽霊となることを語っている点は、大学キャンパスに共有される心意を示唆しているだろう。

平将門《たいらのまさかど》の頃の武士の幽霊とか、風化じいさんの姿などは、いずれも老人のイメージである。筑波の歴史的風土が背景にあり、学生たちの先入観の中に知識として与えられていることの反映といえる。学園都市のような都市空間の中でも、こうした妖怪・幽霊話が再生されていくことは十分に確認できるのである。

学園都市は、元来は伝統的な町や村が地域を作り、子育て幽霊のような類型的なモチーフを軸とする世間話を保持していた。そこに新しい都市空間、それも学生という若い世代が主要な地位を占める空間が出現したのである。

学生宿舎で語られるフォークロアの中で一番人気が高かったのは、よろいかぶとで身を固めた武将の幽霊ではなく、風化じいさんと称する幽霊であった。ランニング姿、時にかぶとをかぶるという異様な姿で、毎晩個室で勉強している学生の横を走り抜ける。壁を突きぬけて走って行くという。だいぶ高齢であるが元気いっぱいである。ただ風化といっているように、すっかり枯れてしまった老人であるが、ランニングというのも妙なイメージである。

これを語る学生の頭の中には、学園都市の一部が、かつての平将門の古戦場に近く、中世には豪族が蟠踞《ばんきょ》していた地域であり、中世の武士がやたらに徘徊《はいかい》した土地柄という知識がインプットされているのだろう。それが深夜一人で勉強していると、あの世から甦ってくる。ちなみに、あまりうるさいので学生の一人がテープをはったところ、ランニング中の風化じいさんは両手を上げてテープを切り、そのまま消失してしまったというオチもついている。

4 都市空間の中の「一つ家」

近年のホラー小説の傑作の一つに数えられている貴志祐介の『黒い家』には、生命保険業界の実態を背景に、保険金犯罪のさまざまなパターンが登場している。保険金目あてに次々と殺人を犯していくのが中年の主婦。表面的にはごくふつうの中年女性だが、包丁をもった殺人鬼が実像で、彼女が手練手管で関係者を自分の一軒家につれてきては殺していく。黒い家は殺人者の住む家であるが、床下に白骨化して身許不明の死体と骨とが累々《るいるい》と横たわっていたというから物凄《すご》い。

保険金詐欺は、いかにも現代の大事件にも通じているが、このストーリーで思い浮かんだのは、一つ家の伝説である。所は浅草の奥、浅茅《あさじ》ヶ《が》原《はら》の一軒家、通りすがりの旅人がこの家に誘われて次々と殺される。その床下に累々と死体が積み重なっている。こういう条件の一つ家は、たとえば奥州安《あ》達《だち》ヶ《が》原《はら》の鬼婆が住む一軒家にも共通しているが、こうした陰惨な伝説が生じたのは、一つ家が設けられているのがちょうど境界の空間に当たっているからである。

現代の最先端をいくこの『黒い家』の主人公は、京都の京福電鉄の嵐山線に乗り福井県の方角に向かう。注意されるのは、鉄道の駅名の「帷子ノ辻《かたびらのつじ》」があげられ、「ひどく不吉な気分に襲われた」と書かれていることである。帷子の文字から死者の経帷子を連想したことになっているが、もう一つ潜在的意識には辻という境界の存在があったにちがいない。黒い家はその辻を過ぎた嵯峨《さが》にあるが、このあたり一帯は京都の周縁部つまり、境界地点にふさわしい場所なのである。そこで不気味な怖ろしい事件が起こるという伏線に使われている。

都市の周縁部は、現代ではすっかり開発されているものの、時にそうした思いがけない民俗的要素が発見できるのである。浅草の一つ家伝説は、殺人に使った石枕の名称とともに知られるようになった。

一つ家の伝説は人口に膾炙《かいしゃ》されている。かつて浅草の荒野の一軒家に住んでいた母子の人殺しの話は、ホラー話のように受けとめられているが、殺人に用いられたのが石枕という奇異なモチーフがこの話の特色の一つとなっていることが見逃せない。岩田秀行が明治十三年の浅草寺奉額狂句会のことをとり上げている（「浅草寺」四百六十九号）。その中で入選句となった一首に「薬罐《やかん》のつぶしはと一つ家へ下金屋　轡《くつわ》」というのがある。一つ家の姥《うば》が旅人を泊め、石枕に寝かせて、上から大石を落とし殺害して金品を奪う悪事を働いていた。観音菩薩がこれをとめようと、稚児《ちご》に変じて姥をこらしめる話を素材にしたもので、下金屋（古金買いの商人）が当時家々を訪れてこわれた薬罐を買い求めていたことにからませている。大石が落とされて枕許の薬罐がぺしゃんこになり、それを下金屋が喜んで買いに来た場面を想像している。石枕伝説がここまで庶民に親しまれていたことが推察できるのである。

一つ家のことは、一五世紀末に書かれた道興准后《じゅごう》の紀行文『廻国雑記』にすでに載せられていた。この記事では、両親と一人娘が一つ家に住んでいた。この娘が遊女になり、通りすがりの旅人を一夜もてなす。ここには「石枕といえる不思議なる石あり」とあり、「彼の石のほとりに誘れて、交会の風情を事とし侍りけり」と遊女と誘われた男とが性交する。そしてそのあと娘の両親が石枕のほとりに来て共寝している男の頭を打ちくだき、衣裳以下の物を奪って生活をしていた。ところが遊女である娘は悪業にいや気がさし、すっかり悔い改めようとする。そこで彼女は一計をめぐらし、「ある時道行く人ありと告げて、男の如くに出立ちて、彼の石にふしけり」と偽装工作をして自ら男の旅人姿になる。両親がいつものごとく打ちくだいて着物を取ろうとすると、男と女は共寝しておらず、我が娘だけが死んでいた。両親は歎愧《たんき》懺悔《ざんげ》して娘の菩提を深く弔った。古老の歌に「罪とかのくつる世もなき石枕　さこそは重きおもひなるらめ」とある。『廻国雑記』の段階では、浅草観音の示現は直接語られておらず、むしろ罪を重ねてきた石枕の重要さが説かれている。この遊女には巫女的性格があり、訪れる神々との神婚というイメージもある。石枕にはむしろ性的要素があり、それが死の道具にも用いられたことが示唆されている。

この話は、さらに二、三百年経た江戸市中でも同様のモチーフで語られていた。野中に一つ家があり、老婆と若い娘が住んでいる。ただし『廻国雑記』にあった父親の姿はない。老婆が旅人に石枕を与え、男をそこに臥させておき、上から大石を落として殺害し、彼の衣裳をはぎ取って、遺体を近くの池に棄てる。大石を落として、石枕に重ねて惨殺するという真実味が加わっている。さらに老女の悪事だけが描かれ、強調されている。そこに観音菩薩の霊験が語られてくる。

観音は老婆にこれ以上の旅人を犯させないように、自ら草刈り童に変化して笛を吹いた。その笛の音が旅人の耳にひびく。「日はくれて野にはふすともやとかるなあさくさてらのひとつ家のうち」とその音を告げている。旅人が一つ家に来て、石枕を与えられる。旅人は不思議な笛の音色を思い浮かべ、石枕があやしいと思い、注意して寝る場所を替えた。しばらくして一つ家の主である老婆が入ってきて大石を石枕目がけて落とす。それを見た旅人は驚いて逃げだし、堂の中で寝た。夢中に童子が出現し、我は観音であり、汝《なんじ》の命を救ったと告げる。そのあと、観音は稚児に変じ、一つ家にわざと泊まった。老婆は稚児の美しい装束をみて、奪い取ろうとする。一方、老婆の娘は稚児に一目ぼれをしてともに寝ようとする。老婆が大石を落とそうとすると、稚児の観音は一瞬姿を消して娘だけが打ちくだかれてしまった。老婆も人の親であり、嘆きのあまりに、池に我が身を投げ棄てる。するとその執念が大蛇となって、神に祀《まつ》られた。悪霊を鎮めたのである。そこで、はしかや疱瘡《ほうそう》が流行《はや》る時は、甘酒を作って竹筒に入れ、木の枝にかけて祈ると治るとされ、祈願成就の流行神として姥神は一世を風靡《ふうび》しているというのである。後半の部分は、老婆の悪業が観音の慈悲で救われ、蛇身となって往生でき、かつ神にも祀られて今の姥神になったと説かれている。

一九世紀に入って、この話はさらに整えられている。まず一つ家伝説の舞台となった姥ヶ池は明王院（妙音院）にあった。この時点では名前のみの存在になってしまっている。「池の形長サ僅《わずか》に六間余幅三間も有《あら》んか、崖崩れ土砂落込落葉腐れ、水色むさぐるしく今は下水の渦の如《ごと》し」と十方庵の『遊歴雑記』に記されている。これは文化年間（一八〇四－一八）の状況であるが、浅草寺周辺の開発は着々と進みつつあり、姥ヶ池の聖水もすっかり濁っていた。この水に投身自殺した姥は裟謁羅《しやがら》竜王の化身と説かれ、その木像は行基作という。姥の娘は弁財天の化身で、慈覚大師が彫ったとされる。それが今の姥神・姥姫に相当することになった。

ところで入水した姥にちなみ姥ヶ池伝説も各地に多い。姥は老女ではなく、乳母である。乳母が長者の子供を連れて池のほとりで遊んでいてあやまって子を池中へ落としてしまう。乳母は責任を感じ、自ら投身自殺した。この池の水が咳《せき》によく効くという。姥神に願をかければ百日咳が治るという俗信もあった。

浅草寺には、姥神のほか、しょうづかの婆さんの石像もあったが、これは三途川の河原にいるという老婆である。姥神と同工異曲の姿である。この老婆は地獄に落ちる亡者の衣服をはぎ取るとして恐れられる存在であった。しょうづかは三途川の音読みである。あの世との境界には老女がいて、境を守っていることになる。この境は関と称される。関の老婆とは、つまり語呂合わせで咳になる。それで姥ヶ池（乳母ヶ池）の水が咳に効くと説明されることになる。

ウバは姥と書くと老女になるが、オバのことである。若い女性も含まれている。成人の女性とみてよいわけで、そのウバが境にいて、二つの世界の往来をコントロールしていたことになる。その場所に石枕があった。

石枕には二つの説がある。一つは、石枕の上で男女が性交するというもの。福岡県犀川《さいがわ》町の生立八幡では、五月の祭りに参拝した男と女が神に向かって何回性交するかと誓いをたて、祭りの夜、河原で石枕をして共寝したという。これを犀川夜市の石枕とよんでいた（及川儀右衛門『筑紫野民譚集』郷土研究社、一九二四年）。青森県津軽地方でも、一年のうち数日を定め、男女のフリーセックスが許される月があった。これをザコネといったり、イシマクラとよんでいたという。

性的要素をもった石枕に対して、墓地でみられる石枕もある。それは埋められた死者の枕許に置いてあり、死者の枕といった意味であろう。この石枕が人殺しの道具に使われるのは、死者の枕と同義であるからである。

東京都文京区にある切支丹坂の坂下には、かつて小川に木橋が架かっていた。この橋は昔、幽霊橋または獄門橋といったという。近くに当時切支丹がとらわれていた。その切支丹屋敷の片隅の垣根の内に大きい自然石があり、これを八兵衛石とか夜泣石とよんでいた。八兵衛は牢獄の番人で、切支丹の女と恋におちて切支丹となり、切支丹の宗徒を助けたかどで穴の中に逆さ埋めにされ、その上にこの石が置かれたという。つまり遺体の上に置かれた石枕なのである。この石のまわりには草も生えず虫も止まらず、金鼓《きんこ》の音だけがひびいたと伝える。この石に向かって「八兵衛さん悲しかろう」というと、石が返事するとか、この石が深夜泣くという話もあった（佐藤隆三『江戸の口碑と伝説』郷土研究社、一九三一年）。

切支丹坂は、茗荷谷《みょうがだに》のうっそうとした谷間《たにあい》に立地する。橋が幽霊橋とよばれるのも、このあたりが「生と死の境界線」に当たっているからだろう。その基点に石枕が置かれていたのも偶然の一致というだけではない。人はあの世とこの世との境界を具体的に認識したいという思考を働かせる。土葬の古い墓地に行くと以前は丸い自然石が放置され、それが石枕だったことが分かる。浅草寺の石枕にも、一つ家の姥が結界の地にいて、石枕を用いて生と死を操っていたという人々の古い記憶が存在していたのであろう。石枕の写真を見ていると、殷賑《いんしん》をきわめる今の浅草寺のはるか以前に、荒涼たる野を行く旅人が境界を越えて行く風景をしみじみと思い浮かべることができる。

5　大都市のポルターガイスト

一九七六年七月一日午後八時、その日は朝からムッとするような得体の知れない妖気がただよい、生温かい風が立ちのぼっていたという。立川市内の木造アパートが七月に入り四回もグラグラと揺れる事件が連続したのである。当時の新聞に体験した二十七歳の女性のKさんの話が載せられている。彼女は主婦で二人の子の母親。子供に添い寝していると、突然タンスがきしみ、電灯がタテに揺れ、窓ガラスがガタガタと激しい音をたてた。Kさんは地震だと思い、あわてて一メートル幅で隣接するIさん宅に避難するが、I家はまったく何事も起こっていない。致し方なく三十分ぐらい話し込んで自分の部屋に戻るが、そこはまだ激しい揺れがつづいて不気味な家鳴り震動が部屋中を包み込んでいた。急報で立川署から警官が駆けつけるが、いったんおさまったかにみえたのが、ふたたびグラッときたので、警官は署に電話を入れる。また気象庁地震課に連絡してみても、その時点で地震は起こっていない。

警官が調べてみると、アパート六部屋のうち揺れるのは一階の二号室と三号室のみと分かった。壁や窓ガラスがギシギシ音をたてるが、テーブルの上に置かれたコップの水はこぼれ落ちないという不思議がある。つまり空気が震動しているだけなのである。

これを最初にして、二回目は七月六日午後八時より二十分、三回目は七月八日午後九時より約一時間と長かった。震動の最中に畳を起こして、床下をみたが、異状なかった。七月九日の四回目は午前七時十二分頃より十分間であった。この家鳴り震動について、市の公害課は、台所の水を流し込む下水管の中にガスがたまり、震動の原因となったのではないかという。しかし床下の下水管はまったく異状がなかった。そして記事は「ナゾは疑心を生み霊魂説も出はじめた」（「スポーツニッポン」昭和五十一年七月十五日）としている。

霊魂説の一例として、アパートの北寄りの地下に戦時中の防空壕があり、アパート建築の際に埋め、神主に厄よけのお祓《はら》いを頼んだ。もし何かの祟りがあるとするなら、その時の鎮まっていない霊魂のなせるわざということになる。しかしそうするまでもなく、この事件は七月中旬以後生じていないという。

表面的には、ポルターガイストとして記録に残される現象であり、家鳴り震動を妖怪の仕業とみる考えは、平安時代以来都市空間に伝統として存在している。ポルターガイストの諸現象は、近代に入ってもなお連綿としてつづいていた。明治初年の新聞記事から以下拾ってみよう。

事例(一)、東京の京橋のケースである。

「京橋五郎兵衛町十五番地の鉄物屋の裏に百坪ばかりの明き地ありしが去る三日の夜から石が降り始まり一昨日も昨日も何処《どこ》からか石が飛んで来る。イヤ天から降るに違ひなしと人々集りて押し合ひつつ、取り巻《まい》て看詰《みつ》め居ると申すことなり。併《しか》し雪はまだ降《ふる》かも知れぬが石の降《ふり》そうな堅《かた》い天気とも思はれず何《いづ》れ穿鑿して又記載しませう、火が降つても鎗《やり》が降ツても新聞紙は休みは致しません」

（「東京日日新聞」明治八年三月六日）

これは鉄物屋の裏の百坪ばかりの空地に石が降りだしたという記事である。いわゆる石打ちで、江戸時代には、江戸市内より周縁部に多く語られていた。時間は夜で、三日間。

事例(二)、東京元大工町の事例。

「是《これ》は不思議なお話しですが、元大工《もとだいく》町一番地中沢繁次郎《なかざはしげじらう》（道具屋）の居宅《うち》では去る十日の正午頃《まひる》から一時間ばかり何所《どこ》からともなく小石が家の中へ降るから家内は駭《おどろ》いたが繁次郎の父中沢重経《なかざはしげつね》は二年越しの病気ではありこんな変事《へんじ》は聞せたくもなし又世間へも知らせたくないと降た石を神棚《かみだな》へ上げ神酒《みき》よお備《そな》へよと御馳《ごち》走《そう》をして何卒《どうぞ》降らないやうにと女房が祈ると降た石が自然となくなるかと思ふと又始めより烈しく降るゆゑ是は狸の所為《わざ》であらうと亭主が脇差《わきざし》を抜て振廻しても些《ちつ》とも利かず毎日刻限を切て降るから去十二日其筋へ届けたので巡査《おまはり》が一個《ひとり》づつ其道具屋へ詰られても矢張刻限になると石が降るから近所は大評判になり門口《かどぐち》へは見物が黒山のやうに立てば内では狸を追出すとて蕃椒《たうがらし》を熏《いぶ》し立る大騒ぎの所へ風《ふ》と一個《ひとり》の人力車曳《じんりきしやひき》が来て『此身《わし》は浅草北富坂《あさくさきたとみさか》町に住む小林長永《こばやしちやうえい》と言ふ者だが、今江戸橋《えどばし》で客待をして居て石の降る咄《はな》しを聞ましたが狐狸《こり》の所為《わざ》に違ひないから祈禱《きたう》をして進ぜやう。倘此身《なほわたし》で届かずば浅草西鳥越《にしとりごえ》の御禊所《みそぎじよ》の先生を頼んで進《あげ》やう』と言《い》へば繁次郎は歓《よろこ》んで何分お願ひ申ますと答へたので今十四日から祈禱にかかるとやら言ふ事だが何だかはや新聞屋《しんぶんや》には解《げ》し兼《かね》る咄《はな》しであります」

（「東京絵入新聞」明治九年三月十四日）

これは道具屋の居宅内の事件。正午から約一時間小石が降る。狸の仕業とされているが、原因不明。禊教《みそぎきょう》の祈禱が関与している。

事例㊂、東京の池袋の事例。

「府下北豊島郡池袋《きたとしまごほりいけぶくろ》村《むら》八十五番地の稲見弥三郎《いなみやさぶらう》方にて本月二日の夜弥三郎は倅《せがれ》文次郎《ぶんじらう》に向ひ明日《あした》は米を二俵ばかり牛込《うしごめ》へ売《うり》に往《い》つて呉《く》れろよと吩咐《いひつけ》しゆゑ、文次郎は翌朝起きて馬に米をつけやうと厩《うまや》へ往つて見ると這《こ》は什麼《いかに》馬は米を二俵つけて待つて居る動静《やうす》なればハテ誰《たれ》がつけたか不審なことぢやと思ひながらも当日《このひ》は牛込辺へ出かけ米を売て帰りしが、去る十日の夜弥三郎は三女のおたき（三歳）を連れ入湯《にふたう》に行き、おたきを洗つて居るうちおたきの姿が見えなくなつたゆゑ駭《おどろ》いて立ち帰ると何時《いつ》のほどにかおたきは戻《もど》つてをり是《こ》れは変だと薄気味悪《うすきみわる》く思ふと、去る十三日の朝家内が寄つて御飯《おまんま》を喫《た》べて居ると飯櫃《めしびつ》が突然跳《をど》り出《だ》し家《や》根《ね》へ飛び上りいよ〳〵怖れて居る折から、一昨日《をとつい》は女房のおうめが払暁《あけがた》に起き出で竈《かまど》の下を焚《た》かうとすると竈《かま》の中《なか》には湯が一ぱい沸《わか》してあつたので喫驚《びつくり》して棄《すて》ては置けぬと右の趣《おもむ》きを板橋《いたばし》警察署へ届け出ましたが此通りなら不思議な訳だが記者は実地を見ないから真偽《しんぎ》は知らず」（「改進新聞」明治十八年六月二十一日）

これは池袋という土地柄が背景にある。「池袋の女」をはじめ、池袋には江戸中期以後怪異が生じていたことが世間話として語られていた。明治十八年に至ってその内容がさらにくわしく語られている。

事例㈣、現在の横浜市緑区中山の例。かつては畑作の農村部で、これは百姓の家で、化け物屋敷として描かれている。

「箱根《はこね》の関所《せきしよ》を廃されてより追々《おひおひ》妖物《ばけもの》も此方《こちら》へ転籍すると見えて、武蔵国都筑郡《むさしのくにつづきごほり》中山村《なかやまむら》の百姓《ひやくしやう》斉藤太一郎《さいとうたいちらう》の家《うち》へ真夜中ごろになると髪を振り乱した女の姿や一ツ眼入道《めにふだう》が家内の者の寝て居る枕元へ顕《あら》はれるのを初めのうちは怖い夢を見たのと思つて居ると毎夜〳〵だんだん妖物《ばけもの》が殖《ふ》えて家中の枕元へ立つので恐ろしく思ひ、ある夜験《ため》しに幾所《いくところ》にも灯火《あかり》を灯し囲炉裏《ゐろり》へはどん〳〵と焚火《たきび》をして夜明《よあか》しをする積《つも》りで残らず起きて居ると一時三十分とも思ふころいづれもうと〳〵と眠くなり灯火は一度に消え家鳴《やなり》がして例の通り女の生首《なまくび》が座敷《ざしき》を転《ころ》げるかと思ふと鼻の先へ大入道《おほにふだう》が突立ので皆々キャッと云つたまま其場へ打臥して念仏《ねんぶつ》を唱へ夜が明けるのを待つて早々家を引き払ひ近村の親類へ同居したが、此評判が高くなつて中山村は夜人が通らないやうになつたので村の若い者が一同相談し村にこんな怪異《けゐ》があつては捨置かれないと口ばかり強い連中が十四五人おの〳〵得物《えもの》を携へて太一郎の家へ詰め掛け灯火を万灯《まんとう》の様につけて妖怪出でよと勢ひよく宵のうちこそ力身《りきみ》かへつて居たれ十時も過ぎ十一時も打ち十二時となると何となく物凄《ものすご》くなつて追々一所へ寄り塊《かたま》り我しらず口の内で念仏を唱へて居る耳元へヒウーと絹を裂く様な風の音がすると思ふと女の縊《し》め殺《ころ》される様な声が聞えみな〳〵襟元《えりもと》へ水をかけられたやうで真青になつて下を向いて居ると天井が崩れるほど頭の上でゲタ〳〵と笑ひ声がするので思《おもは》ず一同は其処《そこ》へ俯伏《つつぷし》てしまひ其翌朝すぐに村中一同から此趣《このおもむ》きを笹下《ささした》の分署へ訴へ出したので当時お調べ中だといふが」

（「読売新聞」明治十二年三月二十八日）

事例㈤、東京のど真中の麴町区平河町のポルターガイスト空間について。

「麹《かうぢ》町区平河《ひらかは》町辺にて有名なる某旅人宿《ぼうりよじんやど》の二階八畳の一間《ひとま》には夜な〱不思議の事ありとの評判高く、端《ゆく》りなく其の座敷に宿りし者は誰とて怪しき物に魘《おそ》はれて苦み悶《もだ》え夜明けて後夢の覚《さ》めたるが如く酔《よひ》の醒《さ》めたるが如く如何なる訳にて誰も彼れも斯《かか》る怪しき事に遇ふかと其の家に宿れる人々は其の座敷《ざしき》には決して臥床《ふしど》を設けしめずなど信《まこと》しやかに語《かた》るものあり、中《なか》には世に名を知られたる紳士《しんし》にて己れも不思議に遭《あ》ひたりと眉蹙《ひそ》めつつ語《かた》るものあるにより其《そ》の様子《やうす》を探聞《たんぶん》するに、

▲座敷《ざしき》の模様《もやう》　此《こ》のをかしき二階の八畳は南に向ひて日当り好《よ》き座敷にて北は廊下に続きて二間四枚の障子あり、東には床の間あり西は壁にして上に窓あり、扠《さ》てこの部屋の天井《てんじやう》の真中に板の少し滑《す》れしものにや煤《すす》にもあらず又た木の脂《やに》にもあらぬもの黒み滲《にじ》み此の家の者が雑巾《ざふきん》かけて幾度《いくたび》か既《すで》に拭《ぬぐ》ひしが其の二三日は清潔《きれい》なれど何時《いつ》の間にやら又た滲み出で拭ふとも其の詮なし、人若し其の黒く滲みし天井の下に臥床《ふしど》を設けて眠《ねむり》に就《つ》けば必らず怪しき物に魘《おそ》はるるにて右か左へか片寄りて眠《ねむ》りし人には決して怪しき事なしとぞ、怪しき物に魘はるるをば如何なる事かと聞くに、

▲大入道《おほにふだう》と美人《びじん》　此の天井の真下に眠りし人は夢ともつかず現《うつつ》ともつかず怖ろしき大入道《おほにふだう》の何処よりか現はれ来り馬乗りに打跨《うちまた》がりて赤松の根にさも似たる腕《かひな》に

て有無をいはせず力に任せて咽喉《のんど》を締め付け其の苦しさ言はん方なく人を喚《よ》ばんにも舌痺《したしび》れ跳《は》ね起きんにも身体《からだ》は利かず独《ひと》り苦しみ悶《もだ》えつつ夜明に至りて自《おの》づと正気《しやうき》づくなりとぞ、但《ただ》し人によりては大入道ならで二十歳《はたち》ばかりの一美人現はれ来りて凄《すご》きまでに打ち笑ひ果《はて》は臥床《ねどこ》に入り来りて其の人を悩ますといふ。

▲座敷の探検　此頃《このごろ》支那《しな》より帰り来れる大陸探検家某々《ぼう〳〵》の両氏折から此の家に宿《とま》り合せて此の話を聞き知り、をかしき事もあるものかな今宵《こよひ》は二人して彼処《かしこ》に寝《い》ね怪物の正体を見現はし臆病者《おくびやうもの》の惑《まどひ》を覚《さま》して呉れんとて虎をも手搏《てうち》にすべき勇士の二人は布団展《のべ》させ寝《い》ねたり。

▲大入道の夢　夜半に至りて彼の怪しき者の滲《にじ》み出《い》でし天井の真下に眠りし一人《にん》は頓《やが》て苦しき声を出して呻《うめ》きたるにぞ傍《かたへ》に臥《ふ》したる一人《にん》は驚き覚めて様子を見れば五尺七八寸の大の男宛《さな》がら亀の腹を反して藻掻《もが》くがごとく夜具《やぐ》を蹴退《けの》け虚空《こくう》を攫《つか》んで額《ひたひ》より膏汗《あぶらあせ》を流して唸る様二目とは見られぬ醜態《ざま》なるより直ちに某《それがし》を揺り起したるに漸《やうや》くに正気《しやうき》づき扨《さて》は為《し》てやられたか怪物は正しく大入道息の音の止まるまで我が喉《のんど》を締めつけて其の苦しさ言はん方なし不思議の事もあるものかな、而《し》て足下《そくか》も怪しき夢は見ざりしやと曩昔《ゆふべ》の勇気も失せ去りて額の汗を拭ひつつ物語る其のをかしさ。

▲大いなる牛肉塊　傍《かたへ》に眠りし友人《ともだち》も問はれて頭《かしら》を掻《か》きながら爾《さ》らいはるれば僕もをかしき夢を見たり、誠《まこと》に馬鹿《ばか》らしくて話にならぬことながら眠《ねむり》に就《つ》くと少時《しばらく》して梁《はり》の上より大いなる牛肉垂下《ぶらさが》りたるが牛飲馬食《ぎういんばしよく》の某《それがし》なれば煮て食ふも炙《やい》て食ふも処分するに難《かた》からねど如何なる訳か其《そ》の処分に痛《いた》く心を悩まして種々《さまざま》に工夫《くふう》を凝《こら》し果ては途方《とはう》に暮れたる折から足下《そなた》の呻《うめ》く声耳に入りをかしき夢は覚めたるが是れこの通り僕も満身《まんしんね》盗汗《あせ》に塗《まみ》れて寝衣《ねまき》も絞るばかりなりと語り夫れより後は其《そ》の座敷には眠らずとぞ。

▲其《そ》の原因《げんいん》　天井裏には年古《としふり》たる貂《てん》などの棲《す》み居て其の動物電気の伝はる為《た》め悪夢に魘《おそ》はるならんと説《と》くものあり、左れど最初其の座敷に眠りし人が端《ゆく》りなく恐ろしき夢を見語り継ぎ言ひ伝へて其の座敷に眠るものは心に一種の恐怖を抱き我から吾が心に魘《おそは》るるものならん、余《あま》りに評判頻《しき》りなれば夜長《よなが》の話草《はなしぐさ》に斯《か》くは記す」

（「都新聞」明治三十一年十一月二十六日）

化け物屋敷はポルターガイストを含めた空間であるが、その描き方のうちでもっとも代表的な事例が『稲生物怪録《いのうもののけろく》』である。広島県三次《みよし》市を舞台にくりひろげられ、フィクションではなく事実だとして定着した。面白いのは、三次にいた稲生平太郎という十六歳の若者の体験談として語られている点であり、妖怪の出現が旧暦七月という精霊があの世から現世に来訪するシーズンに当たることである。約一ヵ月間、連日連夜さまざまな妖怪と対決し、ついに妖怪が成人後の平太郎の守護霊になることを約束させる。妖怪との出会いは若者にとって一人前になるための試練と位置づけられている。

三次は古い城下町であるが、立地条件として、三つの川の合流地点であり、おのずから境界を形成させていた。現在でも三つの川が合流するため濃い霧が立ちこめる名所でもある。しかも妖怪の出現は、旧城址のある聖域の比熊山の若者たちの肝だめしが大きなきっかけとなっていた。

平太郎は、まず七月一日の夜縁側に出たら、塀の向こうに髭《ひげ》だらけの大男の妖怪と出会う。この怪物、眼を開くと周囲が朝日のように明るくなり、閉じると闇に戻ってしまうという邪眼の持ち主である。つづいて一つ目小僧が現れ、平太郎を金縛りにしようとする。

そのあと二日目は、行燈《あんどん》の火が燃えあがり、座敷が水びたしになった。女の逆《さか》さ首が歩きまわり、たくさんの青ビョウタンがぶらさがった。瓶の水が凍り、紙が蝶のように舞いあがった。八方に足と目が出たカニみたいな大石が這いまわった。老婆の大

『稲生物怪録』大男と出会う平太郎（『百物語絵巻』林熊太郎画
湯本豪一記念日本妖怪博物館（三次もののけミュージアム）蔵）

顔面、大坊主が出現。塩俵《しおだわら》が飛んできて、塩をパラパラふりまいたり、ポックリが飛んできた。武士に化けた妖怪が座敷で切腹し、血まみれとなるが、死体はなかった。

知りあいに化けた妖怪がやってきて、その頭がふくれたかと思うと、二つに割れて、そこから赤ん坊がゾロゾロと這い出てきたという怪異もある。『稲生物怪録』に出現した妖怪には、この時点考えられていたありとあらゆる妖怪イメージが盛り込まれている。稲生平太郎の居宅が化け物屋敷の空間となっており、モノノケがそこに結集している。

6　幽霊からのメッセージ

東京の青山墓地にまつわる人口に膾炙《かいしや》したフォークロアがある。とある深夜に、空車のタクシーを運転して墓地のそばの道を走っていると、思いがけない所に女が一人立っていて、手をあげて車を止めた。たった一人、しかも年頃の女性で、黄八丈の着物を着ている。「横浜」と聞いて、遠距離なので乗せた。環状線から国道に出て疾走したが、ふと気がつくと、バックミラーの中には客席の女性が映っていない。十字路に来て速力を落とし、左右をみるような風をして横目で客席を見ると、たしかにいる。しかし目を正面に向けてミラーの中を探ると、いない。

横浜まで来た。女は礼をいって、車賃の持ち合わせがないから、すぐにもってくるといって、家へ入っていった。そしてそのままいくら待っていても出てこない。

仕方がないので運転手は車を降りて、そこの家の戸口で案内を乞うと、中から出てきたのは別の人である。わけを話すとびっくりして、その家の娘が数日前になくなっており、その日の昼、お骨を東京の青山墓地へ埋葬してきたという話である（池田彌三郎『日本の幽霊』中央公論社）。

この話は、青山墓地で乗った見知らぬ乗客としてかならずあげられる類話の例である。

NHKの山根基世アナウンサーのエッセイに青山霊園にまつわる怪ともいうべき面白いフォークロアがある。霊園の管理事務所で実見したものであるが、大都会の一隅にはこうした話がよく聞かれるし、青山墓地などはその典型的スポットになる。青山霊園は、赤坂や原宿にほど近く、港区の南青山から麻布にかけて広がった、二十六万平方メートルにも及ぶ広大な霊園である。幕末以来の死者、十一万人余りが眠り、乃木希典《まれすけ》、市川団十郎、国木田独歩など、有名人の墓の多いことでも知られている。東京都の公営墓地である。

その墓地で山根さんは呪いの藁《わら》人形を見つけた。手にしてみた藁人形は、足先から頭まで十五センチ近い。広げた両腕の幅も十センチはある。本物の藁がきれいに束ねられていて、とても素人の手作りとは考えられない。人形のおなかのあたりの藁が緩《ゆる》んでいて中に何か入っている。それを取り出してみると、丸められた一枚の写真だった。喪服の女性が二、三人写っていて、真ん中に写っているのは三十代の美しい女性である。胸に位牌を抱いている。写真を広げると、傷がついている。小さな、針の穴ほどの穴があいている。それも一つや二つではなく、位牌を抱いた喪服の女性の上にだけ、無数の針の穴があいていた。

こういう話である。おそらく呪いをかけた相手に針で穴を開けるという類感呪術を行使しているらしい。

さらに管理人の話では、次のものがあった。宿直の夜、墓地の見回りに出ると、人っ子一人いない墓地の中から、子供の声が聞こえてきた。これはここの職員はみんな聞いているようだが、この墓地に隣接した区のテニスコートがある。昭和二十年三月の東京大空襲で亡くなって、この墓地に入りきらなかった方の遺体がたくさん埋められた所だという。その後、遺骨は各地の無縁墓地に移されてはいるが、このテニスコートから、深夜丑三《うしみ》つ時になると、男女大人子供入り交じってうめきあう大きな声が聞こえてくるという。

こういう怪談が語られやすい条件がある。大空襲の犠牲者たちの亡霊ということで、この話は成り立っているが、こうしたあの世とこの世の境に当たる場所が都市空間にはかならず浮上している。

『川崎の世間話』(川崎市市民ミュージアム、一九九六年)に載せられた墓地と妖怪を結ぶ怪談を次に要約して紹介しよう。

三軒、建て売りの家がある。その真ん中の家が問題となる。

K　――それがねぇ、夜中になると、その部屋の中がスーッと寒く、冷たくなっちゃう。建て売りだから他の人が入るが、何人も何人もそこを変わるという。

N　そこが一軒。開発した時に、墓地があって、崩れたり埋まってて、どこの墓地だかわからなかった。土地の売り買いをした時に。最後に来た人が、お寺さんに無縁仏として石塔は譲ったけれども、結局、建て売りして十五、六年経つけれども、何十回と人が変わっちゃっている。

N　入って売って出て行く人が、何があったかは言ってないから、言うと売れなくなっちゃう。絶対黙って出ていくから、わからない。人が言うには、なんかあそこ夜中になると冷え冷えして、部屋の中で、異様な雰囲気になってくる。

（宮前区有馬　農業　N　夫　昭和八年生・K　妻　昭和六年生）

これも墓場のあと地に建った住宅という説明になっている。

「お化けトンネル」の名称にふさわしいトンネルが、鎌倉市と逗子《ずし》市の境界にある。明治期から、この名があり、その由来は、このトンネル付近で幽霊を見たという噂によっている。

【事例1】生花店の男性従業員の目撃談。四年前の三月の明け方、仕入れのため車でトンネルに入ると、黒いレーンコートを着た若い女性が壁面に顔をつけ、もたれかかっていた。そばを通った時、突然振り返った。

【事例2】二十代の女性OLの目撃談。二年前の夏の早朝、晴れているのに、レーンコートを手に持ち、全身びしょぬれの女性が長いスカートをひきずり、トンネルに入っていった。信号が変わり、トンネルに入ったが、その女性の行方を追うと、姿は消えていた。

「名越トンネルの上には鎌倉武士の共同墓地ともいわれる、まんだら堂跡や火葬場などがあり、昔から幽霊の出る条件がそろっていたようです。調べてみて、この付近には何か地霊のようなモノがいるのを実感し怖かった」と安東さんは話す。安東さんと名越トンネルから歩いた。一八八三年に完成の古めかしいトンネル。高さ約三メートル、照明が頭上に一列ともるだけである。

付近に住む主婦（四十歳）の話では、深夜、数人から十数人の高校生や大学生らのグループが、トンネル内を歩いている。「肝だめしですよ」という。

墓地跡を供養せずにいると、交通事故が多発するという話もある。

この第三道路ができる時に道路公団に対して「ここは墓地の跡なんだから、供養をして道路をこしらえなさいよ」って、言った。それから「大六天のお社のあった跡ですから、この先は（不明）の天王様のあった跡ですから、ちゃんと供養しなさいよ」と言った。道路公団では、「形のある所は供養するけれども、形のない所は供養しない」って言う。だけど「この椿の木は御神木だよ」と説明したし。「この椿の木の側に大六天さんのお社があった」と伝えた。「こっちの山の上では、樒《しきみ》の所にお墓があった、今、墓石は他のお寺へ行っちゃって、ここは昔、土葬した所なんだから供養しなさい」って言ったけども、道路公団は供養しなかったんだな。そこで事故がありますということになる。

（宮前区野川　農業　男性　大正五年生）

京都市上京区西堀川通にある一条戻橋は、死者を甦らせた橋として知られている。平安時代、三善清行《みよしきよゆき》とその子浄蔵《じようぞう》貴所の間に起こった怪異である。浄蔵は十七歳で出家し、大峯《おおみね》、葛城《かつらぎ》、金峯山《きんぷせん》、熊野《くまの》の山野を歩いて修行を積み、六年後京都に戻ってくる。ちょうど夕暮れ時に一条堀川で葬送の行列と出会った。それは父親の野辺送りの行列で、蓮台野《れんだいの》へ行くところであった。驚いた浄蔵は橋の上で車を立てたまま父の遺骸《いがい》の納まっている棺を開き、数珠をかかげ梵天帝釈《ぼんてんたいしゃく》、四天王、閻魔王に祈念し、父の霊魂の再生を願った。その甲斐《かい》あって、父親は生き返ったという故事がある。父親が再生した夜は一晩、橋の上に父子はとどまったというが、この橋の上こそあの世とこの世の境界地点であったことが分かる。

広坂朋信の『東京怪談のディテクション』(希林館、一九九八年)は、この手の都市伝説の現場を調べたレポートで参考になるが、逗子の「お化けトンネル」についての面白い分析がある。トシネルの怪が採集され、暴走族にまつわる怪として広く知られるようになった。ヴァージョンが著しく多いので全体像がつかみにくくなっているが、かなり残酷なシーンも伝えられている。

次は暴走族のグループがトンネルで怪異にまきこまれる例。

「(前略)うえからポタポタってしずくがたれてきて、フロントガラスにツーッーって流れてきたんですって。それが血の色してる。そしたら、上からドサッていう音がして、車の屋根の上にボーンと何かが落っこちたらしいんですよ。で、『なんだ、なんだ』と思っても、もう怖いから見ようともしなかったらしいんです。そしたら横のガラス窓の方に、手がブランとでてきて、正面のフロントガラスの上からは首がゴロゴロって落っこちてきて。そうなるともう、みんな半狂乱になっちゃって、われ先に男の子は車から出ちゃって逃げちゃったらしいんですよ。で、女の子一人だけとり残して。夜が明けて明るくなってからね、その四人の男が『女の子どうなっただろう』って、助けに行ったらしいですよ。でも、その女の子気が狂って死んでたって」

（近藤雅樹、高津美保子、常光徹、三原幸久、渡辺節子『魔女の伝言板』白水社）

ところが、本来はこんな血みどろの場面はなかったのである。それが芸能タレントの体験談としてテレビを通して恐怖の増殖となったという。一人トンネル内で車にとり残された男がいて、それを探しに行くと、助手席でカチカチに硬直した状態で顔のみ気味の悪い妙な表情で歯をむきだしにしていたという。その顚末《てんまつ》は、こう語られる。

「昭和五五年頃TVで見たんだけどタレントの誰かが友達三人と鎌倉のトンネルの中を車で走っていたら、急にベチャッとフロントガラスに血の塊が落ちてきてびっくりしてドアを開けて飛び出たけど一人の子だけ怖くって開けられなかった。でも怖いからその子を置いて駐在所のある所まで走って、助けを求めて一緒に来てもらったらその子が中でおかしくなってヘラヘラ笑っててね。血が落ちて来てその後なにがあったか判らないし置いていかれて怖くなっておかしくなったのか判らないけど今でも頭がおかしくって病院に入っているとか」

（松谷みよ子『現代民話考』立風書房）

先の話がこうした都市伝説となり、定着したことになる。

このお化けトンネルは境界地点に当たるので、妖怪が出現しやすい条件がある。かつてトンネルの上の近くに火葬場があったという説明で若い女の幽霊云々《うんぬん》のモチーフは生まれやすいが、暴走族や芸能人によるメディアの媒介がストーリーテラーとして機能した結果が残酷シーンにつながってくる。噂が噂を呼ぶというか、深夜境界を通過する際の感覚が死を招く要素をもつ車やオートバイの暴走の事故を想定して恐怖を増殖させるのである。こうした都市伝説が変型するにあたっては、古来の妖怪ゾーンが十分に機能するのであり、たんにお話として済ますわけにはいかないのであり、妖怪からのメッセージとして受けとめる人間の心構えが重要であろう。

附　都市とフォークロア

はじめに

民俗学に対してはいろいろな見方がありますけれども、私は、私たちが現在生きている日常生活のなかに行われている慣習、この慣習は普遍化されて無意識のままで私たちのものの考え方とか、行動のなかにしみついている文化です。それは一朝一夕に出来上がったものではなくて、長い長い歴史的な時間の経過のなかで形づくられてきたものです。普遍化された無意識の慣習が民俗学の研究対象になるわけであります。これを表現する型としては「民俗」といったり、翻訳語では「フォークロア」といったりするわけです。民俗学やフォークロアが、表面的な、現在の世相という形で社会的な問題になっているけれども、それを表層から基層へボーリングしていきますと、地下水脈のようなところがあり、そこに突き当る。民俗学を勉強する者はその地下水脈にぶつかった部分にさらに焦点を当て、そのものが、たとえば丸山真男《まさお》がいうような「民俗古層《こそう》」、これを民俗学の表現では「基層《きそう》文化」という。民俗的な基層、古層というものと、表面上に現れている日常的ないろいろな出来事とのつながりをみて、それを日本文化の構造をとらえる考え方として世間に示すわけです。

民俗学が都市を研究対象にする方向は、一九八〇年以降定着してきました。明治以来の近代化・工業化・都市化の諸現象は、二〇世紀後半に至って世界的に広がり、一九六〇年代以降は日本においても、民俗文化としてそれまで包括されていた実態が衰退・消滅していったことはたしかな事実です。それに呼応して「民俗」とはいったい何かという問いが切実に議論されるようになりました。

そこで民俗とは、単に過去の産物ではなく、現代社会の諸現象を反映する文化とみなすことが重要となりましたが、それを客観的に分析する方法論上の困難さを伴っている。民俗が古代社会の残存物ではなく、現実の社会にどのように機能しているのか。つまり、生きた民俗の状態としてとらえるにはどうしたらよいかが重要な課題となってきたのです。

当然フィールドとしては現代における都市社会の存在が浮上しています。当初都市という現象のなかに変容あるいは再生している農村的な民俗文化を発見する作業が必要でした。次に、都市に展開している大衆文化のなかに組み込まれている民俗的要素を積極的に抽出しようとする問題意識が確認されました。その場合、方法としては都市化地域にみられる民俗変化のプロセスを聞書きの手法でとらえようとします。すなわちurban folkloreの分野が成立するわけです。これは都市という社会環境に適応している生活様式や生活意識をフォークロアとして具体的にとらえていく方法でもあります。

他方、高度情報社会となった現代社会には、都市はもはや限られた空間に限定されなくなっていることが明らかとなりました。口から耳へ音声を媒介に伝達されるコミュニケーションの回路は、マスメディアを形づくり、そこに展開してくるフォークロアは、口頭や視覚により伝達され、流布・伝播《でんぱ》していく表現形式でもあります。そうした都市の民俗資料を検討しながら、都市民俗学が成長してきたわけです。

そこで、私たちの社会現象となっているいろいろな日常的出来事が、世相という形で表面化されていると、その根っこの部分に当たる部分に注目したいと思うわけです。それは同時に日本文化の根っこの部分になるわけでして、その本体を発見しようとするのです。その具体的資料となるのが現在の日常生活に伝わってきている民間伝承であるということなのです。これはまず現代の世相、現代の民俗文化をとらえるところからはじまります。特に現代を大きく表現している「都市」のなかにより多く発見することが可能であって、現代都市に広がるさまざまな表面的な出来事の一つ一つは、そのまま私たちの日常生活の慣習とつながりがある重要な研究対象になるということを前提にして考えていきたい、ということです。

以下、そうした具体的問題をとり上げながら幾つかテーマを設定してまいりたいと思います。

一 ハヤリ神と祟り

昨年（一九九八）の十一月ころから、横浜駅の西口に、皆様ご存じの「ハマの大魔神」という神様が出現しました。これはメディアの世界に乗って、アッという間に流行神となりました。流行神というのは、「時花神」と江戸時代は書きました。すなわち何だか正体不明であるけれども、突然と信者が集まってきて、パーッと広まり、約三ヵ月間くらいの周期で衰えていき、いつの間にか影も形もなくなってしまう。侘《わび》しく社祠《しゃし》だけが残っているけれども、その祠《ほこら》の前を通るたびに、この神様が流行《はや》っていたときのことを人々は思い浮かべるというのです。流行神を宗教文化の一環としてとらえることのきっかけに「ハマの大魔神社」がなるでしょう。そういうものに熱狂する日本人の、何でもかんでも見てやろうという好奇心や物見高さと、アッという間にそういう現象を忘れてしまって、また空しい思いで過ごしていくという、そうした日常の繰り返しがあるのです。この「ハマの大魔神」は、横浜ベイスターズの佐々木投手が、プロ野球はじまって以来の連勝の快記録をつくりあげて、ついに横浜ベイスターズを優勝させたことに起因するのです。昨年の正月に神奈川大学が箱根駅伝で優勝したことに匹敵するほどのニュースでした。ところで今年は駅伝は神奈川大学は首位を奪われてしまいましたが、いずれにせよ、横浜の「ハマの大魔神」は、民俗現象としてたいへんおもしろいということに気がついたわけです。

それではなぜおもしろいのかというと、これは、ご神体を見た方はすぐわかるように、片腕が、佐々木投手の右腕でして、これがご神体に祀《まつ》られている。

佐々木投手の等身大の人形が神様になっているのではなくて、片腕だけなのです。その片腕の力によってベイスターズは優勝したということです。つまり、右腕から発揮されたスピリチュアルパワーが何らかの力を人々に及ぼすに違いないと考えられた。お参りする人はもちろん、自分がやがて野球のピッチャーになって優勝する力を与えてくださいという祈願だけではなくて、日本が不景気になっているので、何とか景気をもとに戻してくださいとか、あるいは受験に合格するようにとか、あるいは恋人との仲がうまくいくようにとかで、たぶん商売繁盛の祈願が一番多かったようです。こうした願いごとを佐々木投手の右腕に祈願したことになる。

流行神という現象は一般的にパッと広がってパッと衰えるわけです。ところで右腕を祀るという事例は、身体をバラバラにした場合に、身体区分からいうと、たとえば鼻とか耳とか口とかがある。一番多いのは首が祀られる事例ですね。

最近の三面記事にもバラバラ事件がありました。身体をバラバラに切り刻んで埋めるという残虐な事件がよく話題になることがあります。人間の身体をバラバラにするというのは、一種の葬法であります。日本では一四、五世紀から戦国時代を経て、江戸時代の平和な時期に至る間の埋葬法としては身体をばらして埋める方法はかなり普及していたのです。たとえばそれは十三塚の伝説という形で残っています。

十三塚は全国に広がった、死体を埋める方法にもとづく形式でした。関東地方にもそれがかなり分布しています。神奈川大学の日本常民文化研究所のプロジェクトとして十三塚の調査・研究がまとめられています。この十三塚は十三ヵ所にわたり、身体を切断して埋めたものと思われます。十三の数を整えるのは仏教の「十三仏信仰」が流行したことと呼応しています。首を切ったり、耳をそぐのは遺体処理の方法であって、そのなかで一番注目されるのが首でした。首を切って祀るというのは平将門の首塚伝説が有名ですね。首塚も全国に約四、五十ヵ所あるといわれています。首塚伝説では戦国時代の武将が殺され、その遺体を埋めた場所が選ばれています。とりわけ首について、日本人は首狩族ではありませんが、生前いだいていた怨念《おんねん》とか、恨みとかが、死後の遺執として籠《こも》りやすい身体部分であると考えられていたのです。

戦国時代に武将たちが合戦をして、勝ったほうの大将が負けた大将の首を眼前に置いて首実検をすることが有名です。首を切り取ってきて、その怨念を現世から断とうとする。切り取るという考え方がその基礎にあるわけです。関ヶ原合戦で敗れた西軍の大将石田三成の首を、東軍の大将徳川家康が首実検をした儀式は記録に残っていますけれども、なかなか大変でした。家康は、石田三成の首を実検するときに、直接三成の首を見ることをしない。つまり三成の怨霊が自分のほうにのり移ってこないようなパフォーマンスをした。それは首を正面から見ないで、チラリと斜めの方向から見て、刀の鍔《つば》を激しくたてた、と記録に残されている。

怨霊が首頭の周辺に彷徨《ほうこう》しているので、それを鎮めなければいけないという考え方は中世以来のものでした。とりわけ平将門は天皇に対して唯一反抗を試みた東国の王であり、この将門が捕縛されて京都で処刑され、その首と胴体が切り離された。すると首と胴体は空中高く飛び上がり、東方を目指して怪音を発しながら飛んで行ったのです。そしてそのエネルギーが尽きて、首のほうだけ先に落下した場所が、いまの首都高速道路の入口辺りの神田橋のわきでした。橋のたもとはあの世とこの世の境界と思われていて、そこに首が落下するという必然性は、民間伝承を見るとつねに表現されているものです。橋の周辺には霊力をおびき寄せる何かがあるらしい。

そこで落ちた首は丁寧に葬られました。その後しばらくの間首はおとなしく祀られていたのですが、祀り方がだんだんおろそかになり、放置されるようになった。すると平将門の首がいろいろな悪事を働きだしたのです。たとえば悪い病気を流行させるようになった。そこで時宗の念仏聖たちが集まってその怨霊を鎮めようと念仏を唱えた。金輪寺というお寺がつくられて、それがもとになって、やがて神田明神に移建されるという経緯をたどります。いずれにせよ、首の怨霊とその祟《たた》りによってできた神社とお寺、その霊を鎮める宗教者が集結する場所が神田周辺にあったわけです。

将門の首ではなくて胴体のほうですが、これも首の後を追いかけてきたのです。しかしエネルギーが尽きて落下したのは、新宿区にある赤城神社の辺りでした。地下鉄神楽坂駅の近くにあります。そこの森の中に落下して神社に祀られた。そのとき赤い血が滴ったので赤城台という地名になったという説明がついています。

いずれにせよ、首と胴体が切り離されて埋められ、その身体部分はそれぞれが、胴体は首を求め、首は胴体を求めて、いつも霊力を互いに引き合っているという信仰が生まれている。だから首にこもっている怨霊のほうを鎮めなければいけないというのが首塚に対する信仰であったのです。

怨霊が鎮まってきますと、神田の将門の首塚は現在大手町に移されておりますが、たとえばサラリーマン社会で、いまリストラが流行っている時期ですが、リストラされないように、つまり首が切られないようにという信仰に変化してまた流行りだしているのです。三年くらい前に外国人留学生が、首塚に関心を持ってお参りに行ったのでありますが、社殿の前にカエルがたくさん安置されていたという。なぜカエルなんでしょうかという質問を受けました。「もとに返る」という願いをカエルの縁起物に託して将門に願いをかけているという現象です。はかないサラリーマン稼業で、クビになっても、もとに返りたいという思いがそこに出ているのでしょうか。初めの怨霊の祟りが大きく変わりました。日本の怨霊は人間の方が丁寧に祀れば自然とおさまってきて、今度は守護霊として力を発揮するという具体例の一つとして挙げられるわけです。

こういう事例は、首と胴体のほかにも、耳とか手とか鼻を、それぞれ埋めた塚の名前があって各地に分布してますから、それらを調べていくと、中世の葬法と、遺体処理に基づいて、遺体の周辺に発生する霊魂と、その霊魂をどういうふうに人々が処理して祀るかという風俗習慣とが結びつく民俗学研究のテーマになるのです。

ところで、佐々木大魔神は、右腕にそういうスピリチュアルパワーがあり、初めから横浜ベイスターズと横浜市民の不景気状態を立て直すために出現したということになっておりました。すでに怨霊の部分はなくなってしまい、受験生の守り神にもなりました。しかし受験シーズンが過ぎてその役割が終わったところで約九百万円のお賽《さい》銭《せん》が集まったそうです。その九百万円のお賽銭を社会福祉事業に寄付するということでした。佐々木大魔神の右腕のご神体は消えたわけですが、これは現代世相に現れた流行神の一例として、都市のフォークロアを語るのに一つのテーマを提供している例です。

こうした話題が、このところ相次いで起こっていまして新聞の三面記事を賑わせています。昨年の暮れに、東京羽田空港の祟りの大鳥居がついに移転したという記事が写真とともに載せられていました。この祟りの大鳥居は、古い民間伝承を持っていまして、はじめは以前の羽田空港駐車場にありました。旧羽田空港に降り立つと目の前の広い駐車場のド真ん中に赤い鳥居が一つぽつねんと置かれていました。だから、当時日本に来た外国人観光客は、観光用の鳥居と思って、日本は神の国だなと印象づけられていたわけでした。実は、その大鳥居が祟りの大鳥居といわれるほどに怨霊の根拠になっているという伝統があるのです。

大鳥居は、羽田名物ということになっていたのですけれども、邪魔になるので何度か移転話が起こったところで、偶然とはいいながら、工事関係者に事故が起きたり、飛行機が連続して落ちたりした。それがあまりにも連続するために、祟りではないかという噂さになったのです。これはよくあるフォークロアです。人間の理性はそう簡単に祟りというものを受けつけないのですけれども、自分自身秘《ひそ》かに抱いている不安とか不幸が積み重なると、それと因果関係があると考えるのが人間の習性であります。飛行機が墜落するという事実は確かに鳥居の移転話と話がつなげられて語られているという民間伝承があるというわけなのです。

たとえば、因縁の鳥居のせいで、羽田の沖に人魂が出るという噂さもあった。羽田沖の海上に飛行機が墜落するというので、メディアが怪奇スポットとして取り上げるという名所にもなってしまった。以前、「機長逆噴射」で有名になった、日本航空の福岡便が羽田空港へ着陸寸前に海中に墜落した事故のときはちょうど私はアメリカにおりました。プリンストン大学でしたが、ここの東アジアコースで、教室に入りましたら一人の学生がニューヨークタイムズを持ってきて、「ここに狐の霊がＪＡＬの飛行機をおとしたと書いてある。これは一体何だろうか」という質問を受けた。よく見ましたら、精神医学者の説として、この機長に狐が取りついたという狐つきの現象を説明している。要するに機長がノーマルでなくなった状態で、しばしば幻影を見ていた。羽田空港に落下するときに前夜からの妄執にとりつかれていて狐の霊が憑依《ひょうい》したのではないかという噂さが広まったということでした。そのときにもまたこの祟りの大鳥居が浮上していたのです。

そもそも、この祟りの大鳥居は、天保年間、つまり十九世紀の初めですけれども、扇島と呼ばれるこの辺りの土地を開発して広大な水田をつくった鈴木新左衛門という名主がいました。名主が水田をつくり地域開発を推し進めたのですが、もともとこの土地の狐塚に棲《す》んでいた狐たちが外に追い出される形になりました。そこで土地霊として鈴木家がお祀りするようになったのです。縁起によりますと、天保年間に台風が羽田沖に襲いかかりました。あわや大洪水が起こりそうになったときに、狐塚に棲んでいた狐の眷族《けんぞく》が全員集合しまして、人間のほうはもう諦めていたにもかかわらず、狐たちが一生懸命堤防を守った。そのおかげで堤防は崩壊しないで、新田地帯はそのまま守られた。そこで名主は、狐をその土地霊として懇ろに祀ったというのが穴守稲荷《いなり》のはじまりでした。この辺りを扇島と称していたのですが、明治に入って飛行場がつくられた。戦後に、さらに現在のような羽田空港に拡張された。そのときにその狐の社殿も破壊される運命になったのでした。しかしこの鳥居は動かさないで、本殿のほうだけを切り離して現在の穴守稲荷に祀られるという形をとったのです。その鳥居を動かそうとすると何かよからぬことが相次いで起こるという話がだんだん定着しまして、土地の人は狐の祟りにあうのでそれを動かしてはならないというタブーをつくり、狐の一族との間にある程度の協定を結んで共生してきたわけです。しかし、地域開発がどんどん進むと、お稲荷さんのほうは本殿が現在地に立派なものが設けられましたし、別に鳥居もつくったのです。ただ、もとの社地の鳥居はそのままそこに置かれてあったというわけです。

現在の穴守稲荷は、大森から電車に乗って行けば十五分ぐらいで着いてしまう。羽田は終戦直後には一時衰えておりましたけれども、遊楽街として、東京から遊びに行く人も多くあり、にぎやかな街になったのです。しかし元の社地の鳥居は、羽田空港のド真ん中にあってなかなか移動できないでいた。穴守稲荷の神主さんは当然ながら、そういう説明は迷信だからといって否定しています。要するに、鳥居を移動するかしないかというときに祟りの話が必ず起こってくるというところに問題があるのです。

鳥居は単なる廃棄物として処理はできない。一方このまま残しておいてほしいという願望がありました。こういう存在は、我々の心の一端にありいつも巣くっているものなのです。たとえば日本の天皇制を考えるとき、ほとんどの人が無関心でありながら、天皇制をなくしてしまうと何か祟りがあるのではないかという気持ちがどこかにあり、たやすくなくすわけにいかないというようにして天皇制があいまいなままで残存していることと同じように、習俗とか民俗となって定着している。つまり無意識の慣習についてては明確な存在理由を明らかにできないままで、そのあいまいな部分が祟りという一つの文化現象となって残るわけです。

いろんなメディアが介在しますと、話が増殖していく。赤鳥居をつくったときには人柱があって、生き埋めになった人たちがいたというようなフォークロアとなっていた。実際にはあり得ないわけですが、鳥居を動かすと人柱の怨霊が動き出すという説明になるわけです。そういう状態が実に一九九〇年代まで続いていた。日本は高度文明国の一つになっておりますから、こうした祟りとか呪いのようなものは二〇世紀には科学の進歩とともに消滅するという前提があって近代化が進んだわけです。ところが逆に、近代化が進むと怨霊や祟りの領域がどんどん増殖してくるということは、研究対象として興味深いものでして、赤鳥居はその象徴的な存在であるということになります。赤鳥居の移転話と事故との関係も、これが正確な事実として確定できるのか、噂話でとどまっているのか。ただいろんな事件が結びつけられるという不安の象徴にもなっている。

一九九八年の十二月に、空港拡張計画で新滑走路が沖合に移転することになったことが決定された。住民たちは、鳥居が簡単に移されたら何か起こるのではないかと反対しているという新聞記事がありました。運輸省（現国土交通省）と航空会社がそれぞれお金を出し、四千万円の費用をかけた。「鳥居は石ころと同じであり、無主物と解釈されて、宗教的な意味は全くない」という合意の上で移されるということになった。新聞記者は、地元の人たちの話を聞いて、これはずっとタブーになってきた鳥居だから、何ごとも事件が起こらずに移ればいいのだがというコメントを記している。

実際に、無事にこの鳥居は移りました。直接何か事件と結びつけられて語られるわけではありません。しかし、一九九九年に至るまでの約一世紀近くつづいていた、「祟り」という意味を無視して「無主物」と一括されてしまってモノとして移転された。そのことによってどういうメリットがあるかというのは、いままで拡張工事に邪魔だったからということがあるわけですが、鳥居は「無主物」と認定されたために法律的には移すことができるわけです。仮にそれが無主物でなくて、生命のあるものであるとすれば、移すことによってさらに激しい祟りが語られるだろうということを予想させるものでしょう。

これも昨年の新聞記事ですが、地方選挙の最中、これは町長選挙だったのです。再選された町長の家に次々と呪いの人形が送りつけられたという事件が表面化している記事があります。場所は愛媛県下の中島町です。やがて犯人が探しだされた。この呪い人形は、歴史的に平安時代から用いられたことがわかっています。現代もそれとそっくりの形式をしている、藁を縦と横に編んで、その上に紙をぐるりと巻く。そして紙の部分に髪の毛を入れます。おそらく町長さんの髪の毛などを入れて、そこに釘を打ちつけた。それを箱に入れて町長に送った。警察が必死に探し回りました結果、犯人は落選した元町長とその妻、六十六歳と六十三歳の男女が書類送検されたのです。調べによりますと、つかまった元町長夫妻は、昨年四月十日ごろ、当選した町長の支持者の二、三人に対しても、釘を胸に打ちつけた藁人形入りの小包を郵送していたという。さらに、この支持者を含む三人に対しいやがらせのはがきを送りつけていた。そして今度は当選した町長に人形を送ったということなのです。

記事はそれだけですが、要するに藁人形を、そのやり方としては、平安時代から約千三百年近くの時空を超えてなおかつ同じ形式で、元町長さんが用いているのです。

呪い人形はごくあたりまえのやり方で、女子大生同士とかOL同士でよくやっているという。呪い人形のセットは商品化され、一セット約千五百円で売られていまして、誰かに呪いをかけるならば、それを使ってやればいいという呪いのグッズです。ただ、相手の爪とか髪の毛とかをとっておかなくてはいけない。そういう呪いの方法は現代も生きていて、これも内心いだいている恨みとか祟りの表現ということになる。こうした人間の精神構造の不思議な一面は、いまも昔も変わらないということになるのです。呪いや祟りは宗教民俗学的に説明できるものですが、重要なことは表面的な現象面よりも、さらにそこをボーリングしていくと基層に何が発見できるのかということが民俗学の一つの視点なのです。

二　都市の動物フォークロア

こういうおどろおどろしい民俗を一たん置きまして、別な民俗資料で見方をかえてみたいと思います。

横浜市に戸塚という町があります。戸塚駅からバスに乗り、町の外れの汲沢《ぐみざわ》という地名を通過すると、バス停に「踊り場」というのがあります。踊り場というのだから、多分ここはみんなが盆踊りでも踊る場所かと簡単に思ってしまって行き過ぎるわけです。ところがこの踊り場には言い伝えがある。

昔、戸塚に水本という醬油屋がありました。大勢の男たちが毎日醬油を仕込み、樽に詰め込んだりしてたいへん繁盛していたのです。ところがその家で手ぬぐいが毎日一本ずつなくなっている。どうしてなくなるのか、誰かが盗んでいくんだろうと思っていたところ、ある夜、家の主人が、その手ぬぐいに紐をつけてその端を自分の腕に巻きつけて寝ていたら、夜中に紐が引っ張られた。主人が起きると、自分の家の飼い猫の三毛猫が手ぬぐいをくわえて逃げ出していくのを見た。その後を追っていくと、いつの間にか手ぬぐいが手からほどけてしまって見えなくなった。しかし何とか追いついていくと、不思議なことに、いまの踊り場と同じ場所ですが、ちょうどそこは町境にあたる丘の頂きのところです。そこに、実に何千匹もの猫たちが集まっていて、猫たちが、「猫じゃ猫じゃ、わしゃ猫じゃ」といいながら踊りまくっている、という場面に遭遇したのです。「猫じゃ猫じゃ、わしゃ猫じゃ」と踊っているなかに自分の家の三毛猫が、頭に手ぬぐいを巻いて踊っていた。自分の家の三毛猫がそこに出かけているということを知ったのです。そこで主人はうちの猫は化け猫かと思い恐れて家に帰った。

帰宅して猫の話を家の者にしたけれども、みんなそんなことは信じようとしない。そこで猫はどこに行ったんだろうかと思い、本当にどこかへ行ったのかと家内を探すと、いつも囲炉裏端で三毛猫が寝ているはずなのに、その夜だけはやはり見えない。それっきり三毛猫は戻らなくなったというのです。三毛猫は戻らなくなったけれども、その猫たちが集まって踊った場所はその後噂さが広まって踊り場と呼ばれるようになった。そして踊り場には猫たちのための供養碑も建てられ、それは現在も残っているという話です。

猫の民間伝承は、これも狐と並んで豊富です。猫はいち早くペット化している動物ですが、狐のほうはペットになりにくいという違いはあります。猫の秘密というものを人間は、猫と仲良く暮らしながらいつも想像していたらしい。ペットの猫を可愛がっている人たちに共通の心境だそうです。しかし人は猫の気持ちはわからない。生物学的には、猫は、二十四時間のうち起きている時間がわずか三〜五時間しかないんだそうです。しかし、その起きている時間に猫はいったい何をしているのか不明であり、ひたすら寝ているだけではないのではないかと、いろいろな疑いがかけられるわけです。そこで猫の後を追跡していくと共通したパターンが出るというのは興味深い。一方生物学的な説明もあるわけです。

しかし民間伝承の世界では、猫は、人間と同じような独立社会を別に持っているのではないかといっています。そう考える根拠は、地名として、この踊り場も一つなのですが、「猫山」とか「猫岳」という地名もある。大分県の国東《くにさき》半島には「猫岳」という山がある。ここには、年に一回近辺の猫が全部集まってきた。そしてそこには猫の王がいる。猫の王を中心とした猫のヒエラルヒーが定まっていて、各家の猫が一人前になるためには、猫岳に行って修行して戻ってくるという行動を営んでいるという。人間がその山に行きますと祠があるだけですが、深夜になると、猫の王様を中心とした巨大な猫の王国がそこに存在している。こういう想像が、恐らく各地域にそれぞれあったであろうと思われる。猫の踊り場もその一つでして、神奈川県下では猫の踊り場と称するのは、横浜市戸塚区汲沢町のほかに、中郡の大磯、津久井郡（現相模原市）の城山、藤沢市の西俣野などで確認されております。そこには猫の供養塔が建っている。人間は、猫の王国を排除しないで、その猫を供養するという手段をとった。猫と人間の関係は、お互いの立場を認める限りにおいて共生し合うという原則を猫の踊り場の民間伝承は物語っているのです。

猫と人間の関係というものは、古くから、持ちつもたれつでした。猫と同様に狐も狸も、日本に群棲していた動物たちと人間の間は非常にうまくいっている時期があったということは想像できるのです。

ところが、また最近の新聞記事を挙げるのですが、一昨年、JR東海が、狸と猫に対して警告を発した記事があるんです。これは、「狸や猫が東海道新幹線の線路内に侵入して、列車と追突してJR東海を悩ませている」という。この書き方は、狐や狸がJR東海を悩ませているというわけですから人間の立場から書いているのです。一方狸と猫の立場からいえば、新幹線が自分たちの通路を破壊しているという説明になるのです。「いまは運転本数が多く、一たん徐行や停止すると後続や接続列車に影響が広がるからである。一九九三年度から、猫や狸が新幹線の通路に侵入しないように、侵入防止対策を始めて、それが終了したはずであったけれども、猫や狸はそれを無視して、突然どこからか現れてきて、完全にその行動を予測することができない」という。

この記事が載せられたのは一九九六年八月。「今月は浜松と京都で列車が相次いで遅れた。気は弛められないとJR東海は話している。浜松駅付近で今月一日に狸が排水溝を越えて線路に侵入して、列車には十二分の遅れが出た。四日には米原と京都間を時速二百キロ以上で走っていたのぞみが異常音を感じた。この日の遅れは十三分であった。九月十七日にも、新横浜駅付近で狸が柵を越えて追突した」。この辺りが重要なのです。「狸が追突した」というところです。東海道新幹線は最高時速二百七十キロで走る。東京・新大阪間の約五百五十キロの半分は盛り土や小山を削った区間です、沿線には人の侵入を防ぐ高さ二メートルほどの金網を張った防護柵が設けられている。狸や猫は柵と地面とのわずかな隙間を潜り抜けたり、地面を掘ったりして盛り土を上ってくるらしい。新幹線に何かがぶつかった瞬間に、グシャとかドンという異常音を運転手は感じ、直ちに停止する。ふつう係員が線路に異常はないかどうかを確認して、運転再開までには平均十分間かかる。車両や線路に横たわる死体や車両に付着した毛を発見する。はねた小動物はほとんど狸と猫でありその他、犬、狐、兎もいる。JR東海によると、新幹線が開業した一九六四年の運転本数は一日上下計六十本、一九九二年にのぞみが登場して、現在は実に二百八十本台の新幹線が動いているから、こうした事故が増える一方です。新幹線の遅れで影響が目立つ。それがなぜ起こったのかという原因は自明でした。この新幹線が小動物が日常的に使う獣道を横断しているためなのです。

つまり、人間のほうが、動物のいる場所に侵入しているということになるわけで、この現象は高架線には起こらない。それから、東北・上越・長野の新幹線や、トンネルが使われている山陽新幹線には見られない。JR東海だけだということは、その地域の動物の存在を無視したところで開発されたということが明らかなのです。実はこうした現象は、新幹線という文明の利器と自然の存在である動物との対立ということで、環境問題とつながっているわけです。民俗学的に見ると、明治の近代に入り、文明開化が華やかな明治十年代に、各地に国鉄が敷設されたときにも同じように起こりました。このときは狸が音に強いということで、狸が電車や機関車に化けて、通過する機関車や電車に追突する。どうも狸が鉄道を止めようとしていると解説されています。昭和十年代、つまり一九三〇年代には山手線の代々木駅近くで狸が山手線に化けて激突したことを最後としてこの種のフォークロアはなくなっています。それがなくなって約七十年くらいの年月を経て、再び、今度は新幹線に対し狸や猫などが激突しているというフォークロアが出てきました。

新聞記者は、狸が新幹線に化けてぶつかったというふうにはしていませんが、恐らく地元の民間伝承のなかには、狸が化けるという話が再現しているのではないでしょうか。これはまだ確認していないのですが、人間と自然との関係からこういう問題は必ず生じてくる。狸は結構人間の社会に巧みに入り込むのですが、狸は、腹鼓で音をたてることを特徴にしているために、機関車の轟音《ごうおん》に匹敵する音をたてる動物とみなされて、狸が化けたケースが多くなっているわけです。

これは、記事としては動物が獣道を破壊されたために生じた悲劇として、一過性で終わるかもしれません。しかし動物が棲んでいる地域を聖域化する必要性が十分あると思われます。そして一方では人間も共に住んでいる。この両者の関係は、猫の踊り場や猫の供養塔のような形で人間と猫は共生し合い、人は猫を大切にしていたという原点に戻るべきでしょう。猫が自由な王国を持っているという想像がもたれていることから猫と人間の関係はスムーズにいくけれども、狸とか狐のほうは動物園に囲い込まれることで事態は終わっているように見受けられる。狸や狐がやたらに人間に化け、人間の世界に侵入してくるというフォークロアが昔からあります。特に狐の祟りとか、狸の祟りという形で表現されるフォークロアが生まれる。これは都市化現象に必然的に語られるものでして、狐に化かされるということは、狐、狸と人間との共生の仕方の文化の型を与えているのです。

この資料も新聞記事ですが、我々の身の回りに、絶えず展開している個々の出来事の一つ一つは、日本人の民族性を反映する資料が多い。世相の表面に出ているものとその根っこの部分との関係を伝えるデータとしてとらえられる。表面的データが現れてくる深層には何があるのか。これには、二つあると思うのです。一つは、日本文化のなかにみる霊的な力、スピリチュアルなものに対する関心度がきわめて深いということです。

たまたまNHKの世論調査の質問項目のなかにこういうものがあった。「昔の人は山や川、井戸やかまどに至るまで、多くのものに神とか神に近い存在を感じたり、神を祀ったりしてきましたが、現在生きているあなたは、こうした気持ちがよくわかるような気がしますか。それとも理解できないと思いますか」。この質問に対して、約七十五%の人が、昔の人の気持ちはよくわかるような気がしますと答えている。ということは、山や川や井戸やかまどと、このデータは少し古いですけれども、森羅万象には霊魂がこもっていると考えていることを認める民族性がある。人間は霊的なものに引かれるのでありまして、決して日本人だけの現象ではない。しかし、数字の上で、約七十五%というのは文明民族のなかでは高いものです。たとえばアメリカでも同じ質問をすれば、これを認める人は当然おります。ただ、そのパーセンテージは三割に達するかその前後といわれている。日本とは逆の形になります。東アジアになりますと、中国の場合はもう少し合理的に出ていて、パーセンテージは低い。七十五%には達しないのではないかと思われます。こういうものは宗教学ではアニミズム現象と考えています。こういうアニミステックな傾向がありますと、霊魂の問題は大きな位置を占めるに至るわけです。

先ほどのいろいろな三面記事のデータは、いずれもこういう霊魂観を前提にして祟りという現象が成り立つものであります。近年の大きな社会問題である臓器移植なども、日本の場合に、なぜかくもマスメディアが騒ぎ、かつ、それに対して逡巡《しゅんじゅん》するというか、迷いを持つ人々の意見が大きく取り上げられるのかということと不可分に結びついていることは明らかであります。先ほどの話のように、たとえば死を迎える。死には二つある。いままでは心拍が停止するということをもって死とするというのはごく自然であったわけです。「生きる」という日本語は息からきている。「いき」というのは鼻とか口から呼吸をすることとです。息が止まるということは息がない、息がないということで生命が終結するということを誰もが認めていた。ところが、心拍停止というのは一時的なこともありますから、息をしなくなったという無意識の状態で呼吸が一瞬止まって、また息を吹き返すということがしばしばあったわけです。それが臨死体験というものを生み出した。その臨死体験の経験者が、やはり日本には多い。

これは、土葬という葬法とも結びついている。火葬だとほんの数十秒でアッという間に物質的存在がなくなるけれども、土葬の場合は四十九日間、骨になるまでの間にまだ蘇《よみがえ》る可能性を秘めていたということもあります。それで蘇ってくることがあったのかもしれない。息を吹き返すということを想定しているわけです。だから、息がある間に脳死と認定されたときに、違和感が自然と生じてきた。それは完全に脳死で機能が消滅していると西欧の医学が断定したときに、それを十分に理解する経験を日本の場合にまだ十分持っていない。したがって、脳死の場合に対する反論が出てきてしまう。脳死というのを今後どういう形で認定するかというのは法律的に認められたわけで、あとは霊魂を認めるか、つまり、脳死で息をしていると霊魂がまだその周辺を漂っているという、そういう霊魂観がありまして、そういう霊魂観に伴う民間伝承も、これまた豊富であった。柳田國男の説には、人は死んで、そして遠方に行かないようにみんな家の屋内にとどめようとしてお葬式というものをしたという。その際、歌ったり、踊ったりする。お通夜というのはドンチャン騒ぎをして霊魂を周辺にとどめておくためであり、そして霊魂がいよいよ元に戻らないとなっても草葉の蔭《かげ》といって、近くの草や葉っぱの陰で霊魂はフワフワまだ漂っている。

千葉県下で、霊送《たまおく》りという行事があります。人が死ぬとすぐ袋の中に米粒を入れて、その米袋を持った家の若者が家を飛び出して、近くのお寺にそれを納めて、また戻ってくる。そうしてからお葬式の野辺送りの行列が家を出発したというのです。これは何でもないように見えながら、遺体から脱けでた霊《たま》を袋に入れて、お寺に一旦《いったん》運んでおく。お寺のほうに保管されていますから、霊魂はもう遺体に戻らないで済む。この間に善光寺に行ったり、すばらしい死後の世界に案内してもらえば、それでその霊魂はやがて極楽に往生できるという、仏教的な説明が介入している。それで霊送りが強調されている。人の心はそれにより安心して、霊魂は安全なところに行けるというふうになる。遺体は遺体、霊魂は霊魂と分離されている。そもそも死とは、霊魂が遺体を離れることだと考えている限りは、こういう習俗が生まれてくるわけです。霊魂をなるべく家族の近くに置いておきたいという思いが念頭にありますと、臓器移植という場合に、霊魂が分散化してしまい、もうこれで両者の関係がシャットアウトされるという恐怖感が生まれる。それが簡単に消滅し得ないというところを十分に説いて、その周辺に彷徨《さまよ》う霊魂を供養するのだという考えに切り替えない限り、なかなか合理的に進められないということがある。そのためにも、日本人の霊魂に関わる葬法の部分をもう少しきちんと学問的に整理することが、臓器移植問題に対する責任であろうかと思うのです。この問題は、日本文化論として検討されなければいけないということも明らかでして、すべて日本人の民族性とばかりはいえないのですけれども、霊魂観の国際比較に対する議論が当然出てくるわけです。

ところで、あの世とこの世という考え方に関しても、あの世に対する考え方とこの世に対する考え方があって、そのうち、この世のほうに重点を置く思考がある。神や仏は苦しいときに何とかしてくれるという答えが五十四%あった。これは霊魂の存在を認める七十五%ほどではありませんが、神や仏の存在に対しては、これを全面否定するよりも、存在しているのではないかと信じていることもわかる。

民俗宗教の神々は、もっぱら現世で個別的、機能的な霊験を与えてくれるし、そういう神様を自由自在にコントロールするために供養を繰り返している。つまり、恐ろしい神でも優しい守護霊に変えるということが、先ほどの大魔神を右腕の神様に仕立て、また受験の神様にするような、人が中心となって神仏をコントロールしているような信仰形態を持っていることが、世論調査の結果からもわかってくるのです。そして日本文化は、表面に現れている現象の深層の部分にこういう傾向の民族性を強く持っているがゆえに、特徴ある生活文化の型を提示しているといえるのでしょう。

さらにもう一歩突っ込んで考えていく必要があるのは、そういう考えがあって、不安というものが生じてこざるを得ない現代の日常生活文化のなかには、たえず不安感があり、それがさらに強まっていくことによって都市のフォークロアとしての特徴が生まれてくるのではないかという点が次の問題として出てくるのです。

三　ホラーのルーツ

このようにさまざまな世相には、共通して霊的な、神秘主義的な傾向がその表層に漂っているということがおわかりいただけると思うのです。そうした霊的な力は、通文化的な現象でもあります。日本文化のなかには、その文化伝統がある。その一つは、怨霊の発生を鎮める目的として供養という行為を持っているということがいえるのではないでしょうか。

その点をさらに深めていきますと、近年、霊的な現象に関しての説明が、マスメディアで語られている。そしてそれが噂話として増殖していく傾向があります。しかもその担い手は、女子高生中心の、若い女性に傾斜しているという点が、これも日本文化の一つの特徴のような気がするわけです。『リング』という鈴木光司氏の流行っているホラー小説があります。ごらんになった人は筋は知っておられるから詳しいことはいいませんが、要するにこのモチーフの特徴は、ビデオによる悪霊＝ウイルスの伝染で、それに加えてテレビが利用されていて、ある定められたビデオを、見てはいけないというタブーがある。それを見た人間は十三日目に死んでしまうというのです。それが女子高校生の噂さに乗って広がっていく。実際上そのビデオを見てしまった人が死んでいく事件が頻発するということで、噂さは増殖していった。それに伴ない、奇怪な事件が連続して起こった。バラバラに殺されるというのではなくて、強烈なパワーがその人間に取りついて殺されるというのです。

謎のビデオは手渡しされて行く。次々といろいろな人に伝わって行くのです。そのビデオを他者に渡して別な人に見せてしまうとタブーからは解放されるということになっている。

穢《けが》れとか不浄が伝染する方法は、すでに九世紀に『延喜式』触穢條がつくられたなかに、定められていました。どういうときに不浄が人に移っていくかということを記した法令です。簡単にいってしまうと、たとえばAという人が亡くなった。人が死ぬとそこには当然不浄が発生する。穢れが生じている。穢れに満ちたAの喪家にBが訪れる。Bが訪れてもし履物を脱いでそのA家に上がり、遺体の近くに座る。そしてその次にその家で食事が出た。これは喪家の火でつくられた食事で穢れがかかっている。つまりBは穢れの空間の中に身を委《ゆだ》ねたことになる。そして穢れた家で食物を食べたことによって完全に穢れ状態に入ったと判断される。次に、Bはその家を出てそのままCの家に行ったとする。そうするとCの家にも穢れが伝染してくることになる。

ところが、そのBが死者のいるA家に入っていき、仮に履物を脱がないで、玄関の土間で頭を下げただけで出ていく。そしてそのまま今度はCの家に行った。するとCの家は一瞬穢れるけれども、それ以上の穢れではないとする。BがA家に上がっていない限りは、穢れは一軒の内部でとどまってほかには伝染しない、というような説明を事細かに決めているのです。これは平安時代の京都を中心にした穢れ観の表れです。こういう穢れがどのように伝染するのかという実態について古代日本人が考えていたことはそのまま法律化されているわけです。現代のビデオ伝染も、ケガレのビデオを見た人と見ない人とで判別されている。ビデオをただ持っている限りはケガレていないのですが、それを見た人が、ケガレた状態になり、やがて死に至るという形になる。しかしケガレのビデオを第三者に渡してしまい、その第三者が見てしまうならケガレから解放されるという説明をつけている。

二、三十年以前に、「幸福の手紙」ブームがありました。手紙を出した相手が次の人に同じ内容の手紙を書けばその人には呪いがかからないけれども、そのまま誰にも手紙を出さないで中断しているとその人に呪いがかかる。だから次々と手紙を出し合いっこするというブームとなりました。それと同じような論法で、特にビデオに封じ込められた、悪しきもの＝ウィルスがこの小説の恐怖の本源になっているわけです。

この恐怖のビデオの原因の一つは、明治の末に流行した透視術の「千里眼」のブームがありました。「千里眼」は当時世相を賑わしたものです。若い二人の女性が超能力を持っていた。その超能力を東大教授たちが実験したという有名なトピックでした。実はこういう神秘的な事件が起こるのは、当時の近代化の様相と不可分に結びついていました。伝統的社会のなかでは、超能力はことさら問題視されるような現象ではない。占いというのはいわば物事のうらを見るからウラナウということでした。占いや、おまじないとか、そういう超能力が飛びかうのが日常的な現象だった。ところが、近代に入って、文明化日本になってきたときに、西欧的な学問体系のなかに、科学を中心とした認識論が存在しており、その論理をたてまえとすることにより、これまでの伝統的宗教を淫祠《いんし》邪教としたり、迷信といったりして、非合理的な世界として位置づけ、それを排除しようとする。そうしないと近代化、文明化がはかれないという文化政策がありました。すなわち、占い、迷信、呪い、祟りというものは一斉に排除の対象になった。という状況で、科学がすべてを説明していくプロセスのなかで、超能力とか透視とか念力とかいうものは当然排除の対象になったわけです。

超能力の存在を実験することは、科学と神秘主義との対立ということで話題になりました。妖怪変化とか幽霊とか、当時の東大の哲学教授であった井上円了が中心となって、全国を踏査して、いわゆる迷信、淫祠邪教の類、あるいは非合理的世界についての詳しい調査をしました。その成果は記録として現在にも残っているわけです。そういう資料のなかにも、超能力の問題はしばしば取り上げられている。しかし井上円了によってこれらは全面的に否定されているのです。それが明治の末、近代化がきわめて進んだ時点で、再び復活してきたという時代の風潮がある。いかに科学が進歩してもそれを否定しきれないで、また復権してくる、ちょうど明治から大正への転換という時期なのです。

この時期に、御船千鶴子という女性がクローズアップされ、実験が行われた。このことが『リング』の有力な素材になっているようです。『リング』の中では山村貞子という女性の怨念とその遺体が封じ込められたという井戸がある。ビデオの中で古井戸の場面が見る人の頭のなかにインプットされていく。そしてそれを見たがゆえに十三日以内に死ぬという暗示がかけられる。今度は十三という数で、これはキリスト教の忌み数字です。いやがられる数字でした。キリストの最後の晩餐《ばんさん》で、ユダの裏切りの故事によって十三は西欧では忌み数字となっています。日本の伝統的な忌み数字には四が使われますし、イスラム文化圏ですと十七が忌まれる。忌み数字は根拠がないにもかかわらず、日本では語呂合わせにより、四（し）が死に通ずるためにいやがられてきた。

ところで、私は大学の受験番号が四十九番。これは死苦で受験のほうでは忌み数字です。産婦人科が四十四というのはいやがりますね。死死というので。二重死、つまり生まれてくる子どもと母親が一緒に死んでしまうというので四十四をいやがる。それと同様に、四十二というのも非常にいやがるのです。私はそういう受験番号で、補欠でかろうじて大学に入れたという運命でした。大学院を終わって学位を請求する段で、かろうじて学位が取れたときの番号がやはり四十九番です。始終苦しむという語呂合わせでした。したがって、そういう過酷な運命のなかで生き延びてきたために、ご覧のように髪の毛がすっかり薄くなっておりますが。というような面が忌み数字にはあるのです。これも、全然そういうことは無関係であると頭のどこかでみんな思っていながら、いざ何か事があるとそういう忌み数字が蘇ってくる。

それと同じように、十三日なんていうのは日本人と関係ない数字ですが、その人がビデオを見て十三日目に死んでしまうという噂さが広まっていって、そしてテレビを通して、あるいは電話を通してそれはどんどん広がる。このストーリーのなかに、超能力の実験に立ち会った山村貞子なる女性の怨念が封じこめられた古井戸があって、その古井戸の呪いを解かなければいけないということで、主人公たちがそのビデオの呪いを解くために悪戦苦闘するというモダンホラーなのです。道具だては呪いとか怨霊、祟りなどというもので、古井戸という、霊魂が一番閉じ籠りやすい場所も使われています。

ところでご存じの『番町皿屋敷』という江戸時代の有名な歌舞伎があります。お菊さんという十八歳の腰元が、青山播磨という旗本と深い仲になり、その奥方の恨みをかって中傷され、青山家の大切なお皿を割ったということで切り殺されて、古井戸のなかに投げ込まれた。そうすると、古井戸の底からお菊の怨念が幽霊となって、一枚、二枚と皿を数える声が聞こえるというお芝居でした。この皿屋敷の皿というのは一種のメタファーなのです。これはいわゆる更地のサラです。土地に結びついた霊魂が古井戸に入り、霊魂は古井戸を通ってあの世界に行くはずなのですが、恨みがこの世に残ってしまい、行かれなくなって、こちらの世界に怨念を残したために、お菊は夜な夜な現世に幽霊となって出てくるという、ストーリーです。先ほどの『リング』のなかで、山村貞子という女性の怨霊は古井戸の奥に閉じ籠められており、その霊が空中をさまよう。とくにビデオと何らかの因果関係を持ったらしいのです。その辺の仕掛けが新しくなったのは、パソコンとかビデオとか、新しいメディアが利用しようとする機械類が人間の精神のなかに入り込んできてこういう超常現象を起こすことが予測されるけれども、こうした怨霊や祟りに対する考え方は二千年近くほとんど変わらないものがずっと伝えられていることがよくわかるのです。

『リング』が若い女性に人気があるというのは、女性の持っている霊的な力の反応ではないかということは想像に難くないのですけれども、その中身はだんだんとメディア化しており、メディアを媒介にして伝播していく状況を頭に入れておくべきでしょう。メディアの媒介という方法が機能するのです。若い女性が特にそれに反応しやすいということもあって、「霊感少女」などという言葉も生まれたほどでした。日本文化の中に規制されたオカルト状況が現代世相には表面化して、これが民俗学の立場からもたいへん興味深いデータであろうと思われるのです。

四　都市民俗の原理

一九九七年三月八日付の「朝日新聞」に、全国世論調査の記事があります。それによると、将来の生活に何か不安を感じている人は約六十九％あった。とくに四、五十代では八割に近い。それも経済不況による年金などの社会保障の切り下げ、消費税率の引き上げ率に切実に現れています。これからの日本が今より悪くなっていくという感覚は、一九九四年当時の二十一％より増えて二十六％となっていた。一方、今とあまり変わらないとする人も六十四％ある。現状維持を望みながら、他方大きな変革も必要としている。悲観的ともいえるが、それはまだそれほど極端なものになっていない。危機意識については、一応現状の生活に満足しているせいもあるのか、深刻な状況とはうけとめられていない。こうした傾向がこの数年間変わっていないという認識がある。これは現代社会の生活文化をとらえる場合にも特筆すべき指標ではあるまいかと思います。現実に曖昧な不安を漠然として感じながら、一挙に終末を招くという危機感が明確でない。こうした行き詰まった感覚が、社会の深層部から通底音としてひびいてくるのです。

この現象をさらに、アニミズムとか、神秘主義といった、キーワードだけではなくて、もう一歩突っ込んでいくと、何か説明できないだろうか。そこで、一種の時代の移り変わる時期に生じている慣習化された無意識として、私は「世の終わり」すなわち「エスカトロジー」と表現するのですが、そういうものが反映したフォークロアが、時代が転換しそうなときに浮上してくるのではないか、と考えました。そこで古い日本の文献のなかに、この世の終わりに類する現象を探ろうとしたのです。

実は現代世相を示す三面新聞記事の具体的な事実と、古代日本人の心意とが何か結びつかないかと思っていました。たまたま出てきましたのは、『日本書紀』の一連の記事でありそれがいまの現象に通ずることを示唆しています。

すなわち『日本書紀』の巻第二十四、皇極天皇二年（六四三）二月のことです。それから二年後には日本で最初のクーデターが生じている。これは日本歴史上有名な「大化の改新」です。従来の政治体制が一新したのでした。天皇中心とした国家体制になったといえます。それ以前は蘇我入鹿をはじめとする蘇我一族が専横を振るって実権を握っている時代ですが、蘇我入鹿が滅んで大化改新が成立する約二年前からの記事をみるといわば「世の終わり」に関するような事実が世相として語り出されているのです。

たとえば、皇極天皇二年二月、この月に大風が吹き、雷が鳴り、霙《みぞれ》が降ったといいます。政情が不安定になってきている。政治のことをまつりごとと称しますが、祭事を行うことがすなわち政治だった。そこで当時の祭事が不安定な状況になっている。

その原因は天候不順によるのです。そして国内の巫覡《かんなぎ》たち、巫覡というのは男の巫子である覡と、巫女との両方をさしています。この巫覡たちは神の声を聞く特殊能力のある人たちでした。木の枝を手折り、それを肩にかけていた。そして蘇我の大臣が橋を渡るときに、橋というのは境界を表現しているわけですから重要な霊的スポットになります。橋を渡るときに、その近辺に巫覡が集まってきて、いろいろな託宣を述べたてていた。巫覡の声があまり騒がしいので大臣は全部を聞くことができなかったと書いてあります。つまり、何か異常現象が起こりそうだということを巫覡たちが予言しているのです。

翌三月に、宮殿の近くに火事が起こった。そして霜が降って草木が枯れてしまった。また風が吹いて、雷が鳴り、霙が降った。弥生《やよい》三月というのは、旧暦の三月です。現在の三月ではございませんで、今でいうならば四月の初旬くらいになる頃でしょう。春爛漫《らんまん》の頃ですが、このときに異常気象だったわけです。そして四月というと、この時期の四月は現在のゴールデンウィークの辺りになり、夏に入ったわけです。ところが四月になりましたら大雨が降って、大風が起こった。そして天候が異常に寒くなったという。西風が吹いてきて霰《あられ》が降ったため、人々はまた逆戻りして綿の着物を着るようになった、と記しています。これが都周辺だけではなくて諸国も同様な異常気象になっているのです。

そして五月になると月食が起こった。月が消えたのです。月は現在と違って、この時代は月の暦ですから、一日と十五日とが中心になります。満月の夜に何かが起こるともいわれています。中国へ行くと今でも満月は非常に重視されておりますから、お餅も月餅などと称して月の形をした餅を供えるくらいです。日本は明治六年以後、月の暦を捨てて太陽の暦にしてしまった。そのため何となくバランスを欠いているのです。

さらに六月になり七月になると、大きな灌漑《かんがい》用の施設である満濃の池の水の表面が腐りだしたという。水が腐りだして小さい虫が池の表面を覆うようになった。この虫は口が黒くて身は白い虫です。異常な虫が発生したのでした。満濃の池の水は飲料水でもあったので、人々はこの水が飲めなくなった。さらに八月になると、この満濃の池の水が変質して藍《あい》のようにドロッとした不気味な色になった。死んだ虫が累々とその上を覆うようになった。こうなるとさらに水が飲めなくなる。旱魃《かんばつ》に近い状態になった。魚がみんな腐って、臭いがものすごい状態になっている。池の魚をとって食べるわけにもいかない。生活環境が不気味な状況になっているというのが八月の記事です。

九月になりますと皇族が相次いで亡くなっています。その死の儀礼が連日とり行われるというふうに書かれています。天皇の一族が次々と病気で死んでいくわけです。九月には大雨が降り続きました。ところがその大雨が降った直後、今度は腐っていた満濃の池の水がだんだん白い色に変わり、臭気もなくなってきた。と一息ついた様子になっているわけです。

その月に、蘇我入鹿が、中大兄皇子を立てて、皇極天皇を退かせて天智天皇にした、という政変になるのですが、それまでにいくつかの段階がありました。まずこの蘇我入鹿と中大兄皇子がある時期に連合していて舒明《じょめい》天皇が成り立っていたわけですが、そのころからすでに異変ははじまっていました。その異変の最初は「童謡」と書かれているのです。妙な子どもの歌が歌われはじめたという。「時の異変の前兆を歌う子どもたちの歌である」と述べられています。いまは童謡というと、子どもの素直な歌であるわけですが、この「童謡」という語は、子どもが中心に歌う謎の歌なのです。謎の歌は、その意味がよくわからない。「岩の上に猿が米を焼いて、その米を猿が食べているのを山羊が見ている」などという意味不明の歌が流行っていたのです。子どもたちが歌って流行らせるところに世情が不安になっていたことを表現することがわかるのです。

童謡つまり子どもの歌とは、ばかにできないというのはこの点でわかるのです。いまはやりの「団子三兄弟」の歌などは子どもの歌かもしれませんが、やはり意味がよくわからない歌ですね。

さて、十一月に事件が起こりました。山背大兄王《やましろのおおえのおう》、つまり蘇我の一族によって追われた山背大兄王が斑鳩《いかるが》で殺されたということで、この時期に内乱が勃発《ぼっぱつ》した。これは政治的な事件でした。権力闘争ですけれども、蘇我入鹿が実権を握って権力を増していくプロセスになる。それに対して、中大兄皇子も入鹿から独立して抵抗するようになってくる。政治的な権力闘争が続いていたのです。皇極三年に入りましてから、蘇我氏が実権を大きく握り、方広寺に丈六の仏菩薩などを奉っているという時期に、国内の巫覡たちが再度枝葉を折り取って、襷《たすき》をかけ、そして蘇我入鹿が橋を渡ろうとするときにその周りに集まって不思議な歌を歌いだしたという。それを見ていた老人たちが次のようにいったというのです。「時変わらんとする兆しである」と。すなわちこれを「移風の兆」と記しています。「移風の兆」のなかで、つづいて不思議な童謡が流行りだしました。その不思議な童謡には三種あった。その三つの歌が『日本書紀』に記されているのです。これも意味がわからない歌ですが、それが巫覡の言葉と同様に伝えられていたのが興味深いのです。

そしてその次の月の七月に至ると、東国、富士山麓を現在も流れている富士川のほとりに、大生部多《おおうべのおおし》という者が虫を祀るように、村里の人に勧めていた。この虫は常世《とこよ》の神と称しました。常世の神を祀るものに対しては富と命を与えるであろうと説き始めた。この虫は蚕であり、蚕のもつ不思議な挙措動作が、この時期に新しい宗教を呼び起こしていることがわかるのです。それに伴って、巫女たちが集結していろいろなことをいい始めた。そして大生部多の唱える常世の虫の信仰に一緒にのっかって、常世の神を祀るならば、貧しい人は富を得るし、老いた人は若返るということを説いた。そうしたことを勧めたものですから、大勢の人々は家の財物をみな捨て、お酒を全部この大生部多のもとに献上した。また、いろいろな獣類や野菜類などを道のほとりに並べて、道行く人々に対し、新しい富が入ると称して、みんなにそれを御馳走《ちそう》した。つまり、信者たちは自分の財産をみんなに分かち与えるために、財産をすべて教祖に供出してしまうことになる。そして祠堂を設け、その中に常世の虫を入れて、その前で歌い、舞う。幸運を求めて踊りまくったのです。いずれにせよ自分の全財産はなくしてしまうことになる。さらに、信者たちは群れをなして都に向かって行進を始めようとするその直前に、都では、これは恐るべき反乱勢力であると考え、大生部多を捕縛しました。教祖に従っていた巫覡たちは、自分たちもつかまるのではないかと恐れて分散してしまったという。そのため常世の虫を祀ることをやめてしまった。時の人々が歌を歌っていうには、「うずまさは神とも神と聞こえくる常世の神をうちきたますも」と。

常世の虫は蚕のようであります。ただ、色は緑で、黒斑があるという。その姿形が蚕にすこぶる似ているのです。人の顔つきにも似ている虫だというのです。このように新宗教の最初の組織的な動きが皇極三年の秋、七月に生じたのでした。そして七月から約二ヵ月から三ヵ月の間、異常な人気を集めた。この新宗教は富士山の麓に神殿をつくって大勢の信者を集めていた。ということは、現代のオウム真理教などのイメージを彷彿《ほうふつ》とさせるでしょうか。もっとも「常世の虫」信仰は七世紀前半に起こったのです。そして冬十一月になると、蘇我一族と中大兄皇子との戦いで内乱が起こり、蘇我氏は殺されてしまった。政治体制は大きく変わり、大化改新という歴史上に残る時代の変革が生じたことになるのです。こういう政治的な大事件をストレートに結びつけるような世相の記述が、『日本書紀』に残されていたことは興味深い事実なのです。古代の文献のなかには、古代という時代枠組みだけでの問題ではなくて、基層文化にかかわるものがある。それは民俗古層という言い方、あるいは基層文化というい方で、歴史のずっと深層の部分に横たわっている。いわば澱《おり》のような形で、ドロドロとしながらずっと地下水脈のように流れている。我々がその基層の動きに耳を澄ますとそこから通底音のように響いてくるものがあって、それを見つけ出して地底から引き出してくるという作業が民俗学としての、現代との対応の仕方としてあるわけです。この「移風の兆」(時変わらんとする兆)として古代の老人が話した内容は、表面的にはまだわからない部分が多いけれども、どこかで時代が大きく変わるに違いないということを民間伝承として伝えているのです。

私の言葉でいえば、これは「世の終わり」というフォークロアでありまして、その一つの目安になるのが、大地震とか大災害の連続、そして最近ではハルマゲドンといったり、ノストラダムスの大予言といったりする終末論的な考え方が流行りだす。ただ流行るのですが、大化改新のときと違うのは、現代ではそれがメディアを通じて噂さとして口の端に広まり、事実かどうかわからない状態のままどんどん語られていくという性質です。それが事実かもしれないということを一々説明して納得させるストーリーが、たとえば鈴木光司著『リング』のようなモダンホラーでした。このホラー小説もそうですが、一般的にいわれているようなSF小説のジャンルが皆あてはまります。こういうストーリーを、小説だからといって単に読み過ごすというのではなくて、そうしたイメージをよびおこす背後にあるものを読み取るべきであることを伝えているのではないかと思うのです。

特に若者の間で広まっていたオウム真理教はまだ途絶えることもなく続いているようです。そのなかに示される概念としてのハルマゲドンは、たとえば『アルマゲドン』という映画が最近もヒット作品になっていることも同様ですが、世界が終末になるというストーリーがつねにあります。映画『アルマゲドン』の場合は、宇宙から飛来する彗星が地球に激突するという素材を問題にしている。オウム真理教に限らず、この世の終わりを告げるキーワードにしている新宗教は、世界的に流行しました。本家のキリスト教はあまりハルマゲドンを重んじていないといわれます。しかし新宗教の方は、教理をおどろおどろしく表現するために、ハルマゲドンというヨハネの黙示録にある用語を使い、キリストが再びこの世に現れてきて、人類の歴史の最終局面で悪魔と対決する戦争の場所がハルマゲドンという丘の上だと説明している。それは、古代の都市で、メギドの丘という意味であり、具体的にそういう特定の場所が想定されているということです。言葉の意味とは別に、ハルマゲドンはこの世の終わりになるという、神と悪魔の最終戦争という形で説かれており、最終戦争に生き残るためにオウム真理教の信者は教祖から安全保障される。それ以外の者は皆死んでしまうということを現実のものに仕立てたというところが恐ろしい結果を招くのです。

この世の終わりを説いている新宗教は幾つもあります。ハルマゲドンとはいいませんが、この世が終わるということで、全員が救われるために、大洪水が起こるというので、信者たちは屋根の上に上ってバケツをたたきながらこの世が終わるのを待機したとか、教祖が信者をある場所に集めて、世の終末の期間修行しながら生き残るとしました。しかし終末の日が現実にこなかったために責任を感じて、教祖が割腹して救急車で病院に運ばれたとか、そういうニュースがよく報道されだしたのが約二、三十年ぐらい以前からでした。新宗教が信者を獲得する手段として終末論はよく使われる。これを現実に実践化しようとしたのがオウム真理教の異常事件にかかわってくるわけです。そういう極端な例は別として、一種のオカルトブームという形で、あるいは神秘主義という形で、メディアが増殖させているというのが現代文化の特徴の一つであり、その点は大化の改新の直前とは違うわけです。

日本にノストラダムスの大予言が紹介されたのは、一九七三年（昭和四十八）のことでした。予言書の中に、「一九九九の年、七の月、空から恐怖の大王が降ってくるだろう」とあることが、来るべき大災厄への恐怖感を駆りたてました。この頃の世論調査の結果も、傾向としては現時点と大差はない。やはり漠然とした不安感が漂っている世相でした。大災害は、具体的には、大地震、大洪水、大火事です。それにより一瞬の間に、現実に人々が生活しているコミュニティが消滅してしまう。近代以前には、それが天の怒りとみられるのは当然でした。その反映の一面として大都市の中に非合理性を基調とする占いや予言が跋扈《ばっこ》していることは、現代世相として軽視できない事実です。殺伐とした大都市の風景の中に、ひたすら占いや予言に熱中する人々と空間があるなら、そこには基層文化である民族信仰としてのアニミズムのもつ活力がよみがえっている可能性があるのではないかという見方も成り立つでしょう。

なぜこういうことになっているのだろうかという点ですが、我々が生きている現代社会そのものが、神秘主義的なオカルトブームを始めとした、ハルマゲドンもそうですが、予言や前兆を説く新宗教を必要とするような精神状況になっていることがあるからです。必要なければ、流行神と同様に廃棄されるという伝統が当然あるわけです。しかしそうならないわけです。その状況を一体どう説明するのか。たとえば社会学者は、これを「神経症の時代」、不安感に満ちあふれている社会であるからというふうに説明いたしますし、民俗学の言葉では「ケガレた社会」、活力が枯れてしまったり、生命力が衰えた社会と説明する。そういう不安感とか、この世が終わるのではないかという状況になると、それをケガレと見るなら、そのケガレを排除しなければならない。それが新しい民俗儀礼となって、生じてくる可能性がある。これが現代社会の民俗文化としてとらえられることになるわけです。

ノストラダムスの大予言をはじめ、非合理的な超常社会への関心を不安の世相の反映としてみるならば、その担い手が主として若者たちであることは注意されます。未来世界を知る占いについても同様で、大学生の約六十％が興味を示しているという調査結果もあります。大学生で占いに関心をもつのは、地方で育った若者より都会育ちのほうが多いといいます。占いの実態をとらえてみると、大都会のなかで現在生活している大学生が、とくに占いの情報に熱心だということになります。占い記事は、多く新聞、雑誌に載せられており、九十％以上の大学生が占い記事に接している。傾向としては、女子学生のほうに比率がより高い。占いは将来の不確定要素をあらわにする働きをもっています。当然占いを肯定する人々は、占いが必要であると考える。調査では、過半数を超える五十三・六％という数字が示されています（石川英夫「大学生の超客観世界への関心についての研究」『東京経済大学人文自然科学論集』第八十二・八十三号、一九九六年）。若者たちは誰を占ってもらいたいのかというと、まず「自分」のこと、次に「恋人」「家族」が続く。つまり自己中心的なのです。何を占ってもらいたいのかという点では、「将来」「恋愛」が圧倒的に多い。占いの結果については、影響が「あまりなかった」「全くなかった」という回答を合わせると、四十五・五％

あります。占いの結果を否定的に見ているという点は面白い。つまり、占いに自らの命運を託するという気持がないことになります。にもかかわらず占いには熱心であり、占いブームを巻き起こしているのです。たとえば東京の原宿の竹下通りは、ファッションの街として知られますが、占いの街でもあります。そこには「占い館」があり、そこに約七十人の占い師がローテーションを組んで店開きしています。占い師はいずれも日本占術協会に属し、個人的に占いを行っています。鑑定料として一般は三千三百円を払い、時間は一人十五〜二十分。ほかにも占いスポット、おまじないグッズ、コンピューター占い等々があり、占いビジネスが繁盛しているのです。

本来農村共同体の営みの上で不可欠だった占いが、都市生活の個人心意をベースに展開するのは、都市生活者がそれぞれの生活環境について漠然とした不安感をいだいていることに起因しているのでしょう。世相には、流行り廃りの現象がつきまといます。流行現象は○○ブームとよく表現されますが、そのブームの基底に横たわる民族的信仰が問題となるのです。前述のようにこの占いブームの占いは原始、古代にさかのぼる文化に根を発しています。原初的な占いとは、表面の裏側をみるということでありますから、不確定要素を消去させる意図がそこにあって、占いによって共同体の命運を決する手段になっていたわけです。個人のレヴェルからいうと、個人の心に関わる領域が含まれ、ある局面でどのような選択をするかを決める際に占いに頼るという、すこぶる深刻な事態に対処する方法でした。ところが昨今のブームには、そうした深刻な面がほとんどみられない。占いの結果を否定しながらも、吉兆になるまで占い師をはしごするというやり方です。それは一種のゲーム遊びとでもいうべきものでしょうが、そうすることによってしばしやすらぎの時間が得られ不安が一時的に解消するわけです。こうした占いブームは、現代社会が生み出した生活文化の一面というべきです。

このことを知るために、以下四点にまとめてみましょう。こうした現代の民俗的現象をどのようにとらえるかということの視点です。

まず一つは、現代の集約である「都市」というものが存在し、その都市に住んでいる人間はいろんなことを体験し、見聞している。携帯電話とか週刊誌とかテレビとかメディア社会の住民といってよいでしょう。携帯電話なんていうのは私にはなかなか理解できないものでありますが、電話というのはどこからでも自由に会話ができる。だけど、あれは、語る場所によって、さっきいった霊的な力の発生するスポットで境界をつなげるような行為をしますと必ず不思議な現象が起こるのではないかという不安感があるのです。それは、現代都市が必然的につくりだしてきたフォークロアでして、これはさらに都市生活者の不安心理を表現する民俗文化としてとらえられるでしょう。そういう民俗の担い手の常なる現象、いわば「ケ」の現象として考えられる必然性があって、その収集と分析が求められている。都市民俗学というのは本来そういう使命を担っているわけです。民俗を普遍化された無意識の慣習というとらえ方をすれば、それは絶えず繰り返され累積してきて、だんだん澱《おり》のようにたまってきて、地下によどんでいるから、そういうものを引き出して類型的な性格に抽象化するという作業が必要なのです。必ず現代都市は何かのメッセージを、不安であるがために語りだしているという前提が第一に挙げられます。

二番目に、大都市というものが、いろいろなアスペクト、フェイスといいますか、そういう面を持っていて、それが世相として現れるのがトピックスなのです。江戸時代はこれを奇事異聞といったのですが、そういう話題性を生み出すというのは、それを担っている人々の想像力がそこに結集されるからなのです。だから奇事異聞は非常に生々しい人間的な話題が事件として表面化するわけでして、人間の精神構造がそんなに変わらない限り、といった非科学的になってしまう要素はあるのですが、そういう話題とか事件とか出来事というものがなぜ生ずるのかということを、歴史と民俗の交錯する立場から分析することが必要になる。

三番目に、現代の場合には、メディアの媒介が大きいのです。しかもそれは若者文化に中心点があり、若者たちの想像力は極めて感性に富んだものを示しているのです。たとえば、都市伝説といういい方でアメリカ民俗学から輸入されて一つの分野として成り立った。しかも、おじいさんやおばあさんから話を聞くというのではなくて、若者たちの間に語られているフォークロアから選ぶということですから、フィールドは大学構内とか大学寮とか、学生たちの合宿場とかキャンプ場とか、いずれも伝承母体という地域社会から離れたところで語られている。それは若者仲間のなかにある共通する言葉とか行動を、若者文化の表現として見る形であって、都市の担い手である若者たちの民俗というものが探れるということになる。

そして、その表面に出てくる出来事というのは、さらに表層面の政治とか経済とか、上部構造の影響を受けて変化していくわけです。そういう変化していく表面の外皮を引っ剝がしていくと、そこに、先ほどいったような、累積した澱《おり》のようなものが発見される。そういうものを発見するかっこうの場所は、地域開発されつつあるスポットにある。つまり農村が都市化という形で生じているプロセスのなかから、より古いものと新しいものとの落差が見極められるかもしれないという場所です。そういうものを見極めていくと必然的に浮かんでくるのが、自然との共生を本来の筋とした人間精神のあり方です。自然との共生がうまくいかないという認識があるために、ほとんどの人々が持たざるを得ない不安の気持ち、あるいは闇の、暗部の世界に対する関心とか、歪んだ精神状況がこのなかから必然的に出てくる。これが先ほどいいました「世の終わり」意識と結びつく要素がある。表面的には社会不安というものから生ずる、世相上に現れた不気味な事件としてとらえられることになります。しかし、発見されることはやはり自然との共生ということとの関係軸を確認することが必要になるということ。それはこれまでのデータからも示されているわけです。

都市民俗学は、研究対象を都市の精神、あるいは都市の心意として考えているのがいままでの状況でした。都市の人間の漂泊性というもの、あるいは非定住性といったり、都市生活者の孤独感といったり、常にプロセスで生きている人間という固有の精神状況、そういう状態にある人々はいつもさすらっているために不安であり、その不安をなくすために懸命にケガレを発見して、そのケガレを異物として排除しようとする営みをもつ。これが都市のさまざまなお祭りとか行事になるわけです。

以上の四点でありますが、これらが日本の現代の都市文化のなかから抽出できる可能性があります。そしてこれを発見することは、柳田民俗学のパラダイムではなかった新しい思考を取り出すことになるのではないかという予想が成り立つのです。

ところでいまの四点の一つの手がかりとしてケガレ観を提示したのですが、先ほどの流れからきますと、私たちは、要するに、ケガレた現代社会というもののなかで、ささやかにではあるけれども、それらを浄《きよ》めて、新しい都市文化を生み出そうとしているということから、都市のいろんな行事をキヨメの文化として見ているということを、伝統的な宗教風土のなかから見出す可能性をもっている。たとえばミソギとか、ハラエを核とする民俗儀礼が、町起こしとか村起こしになり、都市祭礼の軸になる。禊《みそ》ぎと祓《はら》えを持つことで都市空間をキヨメていくということ。これが自生的に生まれてくるという宗教風土が存在している。しかもこの場合は神や仏ではなく人間が中心だということです。現世における人間が中心で、スタンスを置いて、相対的に神仏とか他界とか、超自然的なものを対比させている。これが日本の民俗文化の特徴の一つになるということが予想されるのです。

都市の祭りは盛り場で行われる祭礼あるいは祭事が中心となっている。都市独自の生活環境が生み出した夏祭りでは、必ず風流化の要件が伴なう。夏祭りは、川に沿って発展した都市空間の浄化作用を基本にもっているといえます。多くの都市は水辺に成立しているが、人口過密のため、そこにしばしば災厄が発生したのでした。

旧六月・七月の牛頭《ごず》天王を祀る夏祭りの場合、水辺で水神を鎮めて災厄を祓うという意図から、ミソギが儀礼の中心となりました。水辺で御輿《みこし》が洗われたり、水中に若者たちが飛び込むのも、ミソギの変化した形なのです。

夏祭りの場合は、ミソギとハラエの要素が強く、冬・春祭りの場合には、ミソギとコモリの要素が表出するという特徴があります。祭りはハレであり、日常生活のケと対比するものと理解されてきました。折口信夫は、ハレは、ハラウ（祓う）要素が顕在化したことを指摘しています。祭りにおいてコモル後にハラウ、またミソギしてハラウという祭りの時空間に有機的関連性があることも確かです。都市空間に累積したケガレの状況を除去する操作が、すなわち都市の祭りとしてとらえられるのでして、それを民俗的思考から説明するならば「ハラエ」の行為となります。都市では「ケガレ」と「ハラエ」のセットが、農村における「ハレ」と「ケ」にかわって登場したことになるでしょう。別言すると、ケガレとハラエがクローズアップされている状況が、都市の祭礼の特徴といえるのでしょう。

ハラエの行為は、ケガレを浄化した状態に戻すための一つの手段といえます。それは、悪しきものを善なる状態に転換する方法です。すなわち災厄を吉祥に、凶を吉にかえる行為なのです。

ここ十年来、各地で祭りの復活、祭りの創設といった話題が頻繁にでています。現代都市の祭りの民俗は、エキゾシズムと同様な魅力をもって都市生活者に訴えかけており、それはきわめて作為的に演出されているといえます。

かつてドイツの民俗学者バウガンジーは、フォークロリズムの概念を提唱しました。これは近現代の市町村で行われているさまざまな行事は、すでに本来の原初的な型を改変させて伝承されているものだとする考え方で、民俗学者がひたすら古風な型のみ追いかけていても目的は達せられないとする見解です。京都の牛頭天王の祇園《ぎおん》系の祭りは水辺の悪疫払いの祭りとして成立しましたが、今や観光のシンボルとなって山車《だし》、鉾《ほこ》などが繰り返し改変され、一層華美の様相を呈していることは、都市の発展と軌を一にしている。つまり華麗さを誇り、風流化したことは、一種のフォークロリズムなのです。都市の祭礼はつねに都市民のハレ願望にもとづき、何度も再編が加えられ趣向をこらして展開していくのであり、変貌《へんぼう》を繰り返す有様が、その時代における世相の反映として興味深いのであります。

都市の祭礼はフォークロリズムとしてとらえられることにより、かえって現代の祭りとして生き生きとしてくるのです。次々と添加したり消去される祭りの道具立てが、いわばケガレを排除するための都市生活者のエネルギーの集結とみなされているからであります。

さてたまたま女子学生がレポートを出したなかに次のような事例がありましたので、都市のフォークロアを考えて行く上で最後の締めにいたします。

彼女は中学三年の始業式の前日に、学校に行った夢を見ました。クラス名を見て、「なんだこんな顔ぶれか、まぁいいや」と思った夢でした。次の日登校してみると、夢で見たとおりのクラス分けになっていました。つまりクラスが決まる前に彼女自身は夢のなかで自分の同級生をぜんぶ認知していたことになります。自分の隣りの席に座っていた人も、前の晩に見た夢のなかの人と同じだったというのです。この女子大生にはどうも予知能力があるんですね。

さて、別の女子大生の話です。どこかの海に近い町にいた夢があります。ずっと海の音がしていて気分が悪くなった。そのうち海のほうから白い服を着た人たちが大勢現れてきて、民家のあるあたりに向かって来た。町のほうまで白い着物の人たちが一杯になると、今度はまた海に向かって帰りはじめた。帰って行く人のなかには白い着物を着ていない人も混じっていた。心なしか、海から来た人の数より人数が増えているようでした。彼女もついて行こうとしたが、海の近くの神社に生えている松の下にいた人が声をかけてきたので行くことができなかったという。朝起きると、明け方にある地方に大津波が起きて、死者・行方不明者が多数出ていた。夢と関係しているようで少し怖かった。この女子大生は、大津波が起こって人が死んだ、その地域の夢を見ていて、自分は第三者だからその危難を免れたということですが、あらかじめ事件の前兆を見る人がいるのです。この女子大生は次々と同じような夢を語っています。

友だちの家の別荘に行ったときに、着いてすぐにみんなで家の掃除をしていたら、一人だけすごい勢いで掃除している女の子がいて、別荘の持ち主に似ているのだけれども、着ていた服が違っていたので別人と思われた。用事を頼もうとすると見えないので、みんなあっけにとられたが、よく考えると、それはどうも霊魂だったらしいというのです。ちなみに、そのことを五人中三人が目撃しているので、気の迷いでもないようです。これは幽霊なのになんでだれも不思議に思わなかったんだろうと、後で考えたといいます。

こういう事例は、彼女が霊的な力に敏感なことを示しているのです。トイレの花子さんについてもこう語っています。これは小学校三年のときの体験だということです。「小学三年生」という雑誌で花子さんの記事を読んだ。自分の学校にもトイレに花子さんがいないか、体育館とか女子トイレにいるかもしれないと思い、自分が友だちを先導して実験をしてみた。そのうち大勢の人数が参加して、みんなでトイレの花子さたことが多かったようです。彼女が飽きてやめたころには、花子さんがこの学校のどこそこに出るという噂さだけが広まってしまっていたというのです。

それから高校二年のとき、学校でトイレをノックするという怪談を聞いた後、いつもと違う階のトイレを使った。すると、扉をコツコツ叩く音がするので驚いたが、すぐに扉が傷んでいるのだと気がついて、友だちと笑い合った。ところが二、三日すると、そのトイレに霊が出るという噂さが学校中に広まっていた。この噂さの根源は皆この女子生徒だったのですが、噂さは全然それとは関係なく広まっていました。こういう噂さ話をつくり語りだす担い手としてこの女子生徒がいて、彼女は幼いころからしばしばそういう霊的な力を示す体質があったのです。

こういう女性が現代社会にはまだたくさんいるのでしょう。彼女のパフォーマンスから生じたものが、それを支える担い手の人々はそれを真実と考えて、噂さとして流布していくという構図があります。それで、これが現代都市のなかには、メディアの媒介によってますます拡大していくことになります。ということは、逆に、「この世の終わり」という潜在意識を排除するときのキヨメの思想のなかにこうした霊的な力をもつ女性たちが位置づけられることによって、近未来に災厄をもたらす事件が解消される方向も、民俗古層のなかから見えてくるのではないかと思うわけです。

以上のような都市で語り出されているフォークロアが示すように、現代日本における世紀末の世相にはとりわけ日常化した神秘主義が目立っています。そしてその基層には民俗文化の核が横たわっていると考える。これが一つの文化の型をなし、基層から表層に浮上するとき、占いや新宗教がいっきょに巨大化してくる。その引き金の一つにマスメディアの介在があるでしょう。ノストラダムス世代とよばれる若者たちが、ひたすら精神世界に埋没するのは、一九九九年の終末という幻想的イメージによるもので、これが九〇年代に入って日本の現代社会の上ですっかり日常化しました。この現象に対応して占いブームがあり、若者の間で占いのはしごなどが流行しています。この前提には、毎日の時間を区切る暦を自らつくっていたという江戸以来つづく二百年以上の時間にわたり定着してきた民俗文化の存在があったと思われます。かつて江戸の人々は『大雑書』の暦を用いて生活の知恵としたことがありました。加えて、現代では霊魂の駆使、統制といったメディアからの仕掛けがあり日常の暦に結びつき超能力ブームがもてはやされています。死後の世界を信ずる若者世代は約七十％近くあり、これまでの日本人の伝統的な現世主義のベースが崩れつつある状況でもあります。

こうした傾向を助長するのがメディア感覚です。現代の多様なメディアの情報が生活文化化するという現象が都市生活の中に生じています。伝統的な民俗文化が脚色されたり、演出されて、新たな都市の民俗文化に変容することによって、事実とフィクションの関係がますますあいまいとなってしまったことが、若者の幻想を妄想へと駆り立てていったのでした。

ここでは「日本人と文化伝統」の関わりについてのフォークロアを、都市に生ずる世相としての占いブームや神秘主義的傾向の中からとらえる試みを行ったことになるでしょう。

解説　宮田登の妖怪論

小松和彦

1

怪異・妖怪《ようかい》文化への関心が高まっている。それがブーム的な様相を呈しだしてからどのくらい経つのだろうか。そのきっかけになったのは、水木しげるの妖怪漫画や妖怪画、宮崎駿のアニメ『となりのトトロ』などのヒットであったと思われるが、それ以前から怪異・妖怪文化への関心は静かに進行していた。『帝都物語』をヒットさせた荒俣宏とわたしが『妖怪草紙——あやしきものたちの消息』(工作舎、一九八七年)で、妖怪をめぐって大いに語り合ったのが今から十五年ほど前のことである。その対談本が予想外の売れ行きを示し、その後も版を重ねたので、その頃にはすでにかなりの妖怪ファンが存在していたわけであるが、現在ではそのうねりは巨大なものになっている。

民俗学という学問的立場から、こうしたブームに応《こた》えるかたちで、メディアを通じて妖怪関係の情報を提供したのは、ブームの当初では宮田登とわたしのたった二人であった。会うと二人は、この妖怪ブームはいつまで続くのでしょうかねえ、これも世紀末現象でしょうかねえ、などと語り合ったものである。ところが、それが新世紀に入っても衰える気配さえみせないのは、いったいどうしてだろうか。しかもそれは若い人たちによって支えられているというのである。

宮田登は、その原因を真剣に考えようとしていた。ところが、その宮田登が、昨年（二〇〇〇年）の二月十日、六十三歳で亡くなってしまったのである。まだこれから一花も二花も咲かせることができるような若さであった。日本民俗学の中心的存在であった宮田登は、その才能をフルに生かして多彩な研究活動を展開していたが、その突然の死によって、著書の出版や編集企画などいろいろな計画が頓挫《とんざ》することになった。本書もその一つであった。

宮田登は角川書店の求めに応じて、それまでにさまざまな活字メディアに書いてきた怪異・妖怪関連の論文やエッセイを一冊の本にまとめようと考えていた。多忙な生活の合間を縫って編集者と相談を繰り返しながら、重複した内容のものは一部を削除したり、連続した性格の論考はひとまとめにするなどの作業を進めていた。ところが、その作業の途中で急逝してしまったのである。作業は再校ゲラが出るところまで進んでいた。出版社側は著者の生前の意思を汲《く》み、奥様の了解を得て編集作業を続け、こうして刊行に至ったわけであった。

わたしと宮田登は同じ民俗学徒であり、また妖怪研究仲間であるだけでなく、民俗学関係の仕事を一緒におこなうことも多かった。この縁で彼が亡くなったあと、出版元の編集部から、妖怪関係の遺稿集となってしまった本書の編集上の相談を受け、さらにはこうして解説まで書くことになったのである。

誤解が生じては困るので述べておくと、本書に収録した論考と初出とではかなり異なっているものがある。それは、著者の宮田登と編集者が相談しながら、加筆・削除を加えたからである。また、「伝統と現代」（學燈社、一九六八年九月号）に寄稿した「妖怪と日本人」は、初出時は東京教育大学教授・直江広治の名で発表されたものである。編集にあたって、じつは同じ研究室の助手であった著者が代筆したものであることを著者自身が明らかにし、この論集に収めることにしたものである。

上述のように、宮田登は妖怪・異界関係の雑多な論考・エッセイのたぐいを、加筆訂正を加えながらまとまりあるものに仕上げようと考えていた。また、出版にあたって総論的な性格をもった長めの論考を書き下ろすことになっていた。ところが、「序」もしくは「序章」の部分にあたる書き下ろし原稿にはまったくの手つかずの状態で逝ってしまわれたのであった。担当編集者は、ひょっとして書きかけの原稿があるのではないかと思って、奥様にそれらしき原稿が残っていないか探してほしいと頼んでいたほどであった。

したがって、著者が、そこでどのようなことを書こうとしていたのかはもはや知ることができない。しかしながら、ありがたいことに、その意図を推し量ることができるメモ書きが残されていたのである。それは出版社に提出した企画案である。また、それに基づいて編集者が一冊の本にするために著者と相談しながら作った企画・目次案も残っている。著者が書いた企画案を、参考のため以下に紹介する。これによって、著者が本書をどのように構想していたかの見当をつけることができるはずである。

近年、妖怪学の分野が、妖怪ブームに伴って話題になっている。この分野を学問的に究明してきた民俗学、宗教学、文化人類学、歴史学の研究史の中で、本書は近・現代社会における妖怪についての民間伝承を通して妖怪の特質を探ろうとする。

①柳田國男の妖怪と幽霊を分ける考え方をとらず、むしろ幽霊が日本の伝統的な霊魂観から生まれ、怨霊《おんりよう》信仰となり、妖怪文化の中に主要な位置を占めるに至った点を指摘した（幽霊の「妖怪」化）。

とくに、日本霊魂観（人魂、死霊の供養）との結びつきをとらえる新しい視点がある。

②近年の妖怪ブームの中心にあるアニメや漫画などのメディアが媒介する妖怪文化の基底には自然と人間の共生のモチーフがある。これを妖怪学の観点に立って妖怪の「人間に対する呼びかけ」とみなし、妖怪からのメッセージとしてとらえた（妖怪の音声）。

③近現代の妖怪のフォークロアは、人里離れた闇《やみ》空間のイメージよりも大都会がしばしば選ばれている。そこには都市民の不安を介在して複雑な人間関係が生みだすフォークロアとしての怪異現象がある（都市の怪異）。

そこで妖怪を都市社会の現代世相の一環としてとらえて、広く日本文化論の次元で分析視点を提示している。

従来、妖怪研究が歴史的に中世・近世に限定されがちなのに対して、本書はあくまで現在の妖怪現象から生じる民俗とみた点に意味がある。

この宮田登自筆の企画案から推測できるように、宮田登は本書を、都市に出没する妖怪もしくは妖怪と都市の関係を強調した書物として編集したい、という意図をもっていた。また、著者はその企画案のなかで、論集の書名として「都市の語りだす妖怪」「妖怪の都市民俗」「妖怪のフォークロア」「妖怪と民俗」「妖怪文化論」「妖怪は何故出現するのか」「妖怪学」の七案を提案している。さらに、本書を「I　妖怪学の視点」「II　妖怪と人間の交流」「III　妖怪像のイメージ」「IV　妖怪と都市」の四章立てとし、そのいずれかに書き溜《た》めた諸論考・エッセイを配置しようとも考えていた。

出版社側も、従来の妖怪研究との差別化をおこなうためには、都市の妖怪を強調するべきだ、と判断していた。たとえば、社内の企画会議にかけたさいの企画書では、仮の書名を「都市に棲《す》む妖怪」として、企画意図には「かつて妖怪は、人里離れた闇にひそむ存在であった。しかし、闇が駆逐された近・現代の都市空間にも妖怪は出現する。なにゆえに、どのような姿で彼らは都市に現れるのか。都市における彼らの由来と目的、さまざまな姿とあり方を現代の怪異現象から探る」と書かれている。さらにその後の企画会議および編集作業過程で、いっそう「都市」と「怪異」を強調する方針を打ち出し、書名も「都市の怪異現象」もしくは「都市空間の怪異」へと変更したい、また、章立ても「I　異界との接点」「II　妖怪と幽霊の様相」「III　都市の怪異」「IV　現代の怪異」といった具合に変えたい旨の提案を著者におこなったという。「妖怪」から「怪異」を強調する方向へのシフトは、角川書店が発行する雑誌『怪』の人気や、著者も参加していた国際日本文化研究センターの共同研究「日本における怪異・怪談文化の成立と変遷に関する学際的研究」(研究代表・小松和彦) などの影響があったのだろう。すなわち、出版社側は、著者の意図を汲みつつ書名を考えていったとき、「都市」と「怪異」を結びつけたところに、著者の研究の新鮮さが浮かびあがってくるのではなかろうか、と判断したわけである。そして、最終的に決定した書名は『都市空間の怪異』であった。

2

周知のように、宮田登は処女作『ミロク信仰の研究』(未来社、一九七〇年) で颯爽《さっそう》と学界にデビューした。その後、幅広い観点から民俗学の諸問題に取り組み、多数の著作を次々に公刊し、最後の著書は『冠婚葬祭』(岩波書店、一九九九年) であった。民俗学における著者の関心は「民間信仰」にあった。それは処女作から最後の著書まで変わっていない。彼は自伝風の文章を残さなかったので、幼少期から青年期の生活体験とその後の民俗学者としての関係を推し量ることが難しいのだが、それでも『怖さはどこからくるのか』(筑摩書房、一九九一年) のなかで、次のように述べている。「私が民俗学のような学問の世界に志すことになった契機について、それほど厳密なものがあるわけではなかった。ただその基調になったのは、異界にたいするある種の憧《あこが》れのようなものだったろうか。あるいはそれは霊魂とか他界にたいする関心といったようなものなのかもしれない。（中略）……中学、高校は横浜で過ごした。異界憧憬《どうけい》の念は依然強く、読書好きであり、ＳＦや怪奇スリラーなど手当たりしだいに読みふける傾向があった。なかでも中里介山や白井喬二などの時代物の伝奇ロマンなどには眼がなかったようだ」。

すなわち、著者の民俗学的なるものへの関心の芽生えは、こうした幼少期の「異界憧憬」「不思議な場所への興味」にあったわけである。わたしも彼と同じような幼少・青年期体験をもっている。それに導かれるようにして、民俗学の領域に足を踏み入れ、さらには妖怪研究へと進んできた。したがって、その歩みは納得できるものである。

こうした体験の吟味は、民俗学的なるものの魅力の根源にあるものが何か、言いかえれば、民俗学とは何か、といった問題を考えるさいの、大きな手がかりになるのではなかろうか。

民俗学者の新谷尚紀の整理によれば、宮田登の民俗学は、七〇年代では、民間に息づく民俗宗教に集中し、八〇年代になると、民俗宗教関係は妖怪、霊魂、終末観として継続するとともに、新たなテーマとして都市、現代、女性が加わり、九〇年代になると、民俗宗教関係は不安と幻想、山の信仰、民俗神道といったかたちで継続する一方、新たに日和見と王権、老い、ケガレなどへとテーマを広げていったという。すなわち、民間信仰研究という大きな枠組みのなかから、その現れ方の一つとして妖怪が宮田の前に立ち現れ、世間も次第に妖怪に関心を向けるようになったということと連動しながら、八〇年代から次第に妖怪関係の論考が増えだしていったと理解することができるだろう。

著者は民俗学者として広く知られているが、じつは出身は日本史である。近世の民衆思想史から出発して民俗学に分け入ってきた。その知識の中核には、近世の膨大な随筆類から得た近世の江戸の町民たちの信仰生活に関する豊富な知識があり、その知識を巧みに活用しつつ、民俗学的なテーマを多角的に深めてきたのである。すなわち、著者は、こうした知識を十分に手に入れたうえで、民俗学者が調査を通じて直接採集した近現代の庶民生活文化の知識をも渉猟し、両者の知識を合わせながら議論を展開したのであった。彼にとっての「都市」とは、何よりもまず「近世の江戸」という「都市」であった。また「民俗」や「民間信仰」といった場合にも「江戸の民俗」であり「江戸の民間信仰」であった。そして本書に引きつけていえば、「妖怪」もまた「江戸の妖怪」であったのである。

ところで、著者の場合――多くの民俗学者もまたそうなのであるが――、近世の民間信仰と近現代の民間信仰を同質のものとして扱う傾向が強い。なぜなら、現象的にいえば、近現代の民間信仰の起源が近世の宗教社会にあるからで、そこから短絡的に「民俗の強固な伝承性」を主張するわけである。

このような主張に対しては、かつて著者の『近世の流行神』（評論社、一九七二年）が『江戸のはやり神』（筑摩書房、一九九三年）として文庫化されたときの解説で、わたしは次のように書いたことがある。「しかしながら、宮田さんの実際の論の展開をみてしばしば困惑させられるのは、近世を論じつつ、現代の資料がふんだんに援用され、現代を論じつつ近世の史料がこれまたふんだんに援用されるため、近世と現代の『差異』が見えなくなってしまうことである。現代とは近世であり、江戸は東京であり、東京は江戸である。そんなイメージを抱いてしまうのである。そこには認識論的な『断絶』は存在しない。宮田さんの立場からすれば、民俗学とは『断絶』を明らかにするのではなく『連続』『不変』を明らかにする学問なのであって、したがって、民俗学者がみているのは時代を超えたものであるということになるのであろう」。

もっとも、著者のこうした思考傾向はあまり変わることはなかった。むしろ、その後の研究は、文化人類学から「構造」や「境界」などのアイデアを吸収することで、その傾向を強化していったように思われるのだ。本書に収めた諸論考を一読したわたしの印象では、以下で検証するように、妖怪論においても、現代を意識しつつも、近世・江戸の民俗としての妖怪現象・怪異現象・異界信仰という枠組みを基礎とした研究から大きく逸脱することができなかったようである。

3

本書は宮田登がさまざまな媒体に書いた妖怪・異界関係の論文・エッセイ類をまとめたものであるが、彼にはすでに、妖怪に関する著書として『妖怪の民俗学』（岩波書店、一九八五年）がある。これは本書とは違って、彼が一冊の著書として書き下ろした妖怪論であった。したがって、そこには彼が考えていた妖怪論の特徴がより明確なかたちで示されている。そこで、この『妖怪の民俗学』での議論を整理しつつ、彼の妖怪論の特徴を検討してみることにしよう。

宮田登はこの『妖怪の民俗学』の「あとがき」で、この本の狙《ねら》いを次のように述べている。「本書は、『妖怪の民俗学』としているが、古来から出現し、従来民俗学の主要な研究対象となってきた、古典的な妖怪を余り考えていない。むしろヒントになったのは、井上円了の妖怪退治の対象となった妖怪たちが、ある種の共通した要素を示したことに対する興味からテーマを展開させている。それは都市空間が、境界領域を部分的によく残し、都市民はそのことにきわめて敏感に応じており、不思議だ不思議だといつも不安がっている。そうした不思議伝承が見出《みいだ》されることに注目して、それらを手掛りに、妖怪の世界の再構成を目指したといえよう。

「都市空間」「境界領域」「不思議な場所」そして「近代が撲滅の対象とした妖怪＝近世の民間信仰もしくは妖怪」「都市民の不安」。これらのキーワードは、宮田登が本書の企画書で述べた妖怪論のそれでもあり、基本的に彼の妖怪論は亡くなるまで変わっていなかったことがわかる。

『妖怪の民俗学』は四章構成になっている。第Ⅰ章の「妖怪のとらえ方」では、彼の妖怪論に有効と思われる先学の妖怪論から必要な概念や理論、資料などを引き出している。まず最初に言及されるのは、柳田國男の『妖怪談義』である。柳田は、不思議なものを信じた人びとの精神構造を問題にした最初の民俗学者で、日本人の畏怖《いふ》・恐怖感の原始的な形態が変化して妖怪を生み出したと主張し、妖怪と幽霊の区別などを提案した。宮田は、柳田國男の研究態度や日本人の畏怖心・恐怖心から妖怪が生み出されたという説には共感の意を示す。宮田の妖怪研究の基本的態度は柳田國男のそれであり、村落社会ではなく、近世や近代の都市民の不思議・妖怪伝承を問題化したところに、その独自性があった。その一方では、妖怪は神が零落したものであるとする柳田の説には疑問を投げかける。そこで利用されることになったのが、小松和彦つまりわたしの妖怪論であった。わたしは『常陸《ひたち》國風土記』の「夜刀の神」の話や道具の妖怪「つくも神」の話などの例を挙げながら、神々にも盛衰の歴史があるように、妖怪にも盛衰の歴史があり、さらに、特定の妖怪の個体史のレベルでも、盛衰の歴史があったはずであると主張した（「魔と妖怪」『神と仏』日本民俗文化大系・第四巻、小学館、一九八三年、後に『妖怪学新考』小学館、一九九四年に収録）。これにしたがって、宮田登も、近代で知られていた妖怪の多くは近世に生まれた、新しい、しかも都市の妖怪で、その多くは神の零落という考え方では説明できない妖怪が多いと指摘している。また、わたしは神と妖怪の違いを、祭祀《さいし》されているかどうかで区別することを提唱したが、この考えも宮田は利用している。

柳田は、「妖怪」（＝化け物）と「幽霊」を区別し、妖怪が逢魔《おうま》が時（黄昏《たそがれ》どき）に決まった場所で、しかも相手を選ばずに出現するのに対し、幽霊は相手を選んで真夜中に出現するとした。宮田登はこの区別に一定の評価を与えつつも、有効性を欠いた仮説であるとした。たとえば、子育て幽霊説話系の産女やその仲間である磯女、皿屋敷伝承のお菊の例を挙げながら、妖怪と幽霊の区別が難しいことを指摘した。この主張もまた、上述の論文でわたしの主張の影響をうけているように思われる。

宮田登はいろいろと配慮して、あまり断定的な言い方をしない研究者であった。だが、彼はその都市的妖怪論を展開するためには、民俗学の定説となっていた神の零落説を廃棄しなければならないと考えたのである。江戸という近世の大都市には、その市民が抱いている畏怖心・恐怖心があり、そこから生み出された妖怪は、産女がそうであったように幽霊系ともいえる妖怪が多く、それを怨霊・死霊に関する観念を背景にして生み出された都市妖怪の一種ととらえる必要があったわけである。

宮田登が評価するいま一人の妖怪研究者は、「妖怪博士」との異名をとった井上円了であった。井上は不思議な現象を「妖怪」現象と「真怪」現象に分け、生命の神秘などといった、まだ科学では解き明かせない事柄を「真怪」とし、科学的に説明ができるにもかかわらず神秘的な現象とみなしている事柄を「妖怪」とした。したがって、井上にとって「妖怪」は撲滅すべき「迷信」と同義であった。そして多くの「妖怪」（＝迷信）を撲滅するために、「妖怪」の科学的・合理的説明に精力を注いだわけである。すなわち、井上は妖怪バスターであったのだ。近代は、近世の文化から必要なものは継承し、不必要なものは「野蛮」「迷信」などといったレッテルを貼《は》って排除・撲滅しようとし、その一方では、近代化に必要な西欧の文化・文明を輸入してきた。

宮田登はこうした井上の妖怪退治に対して、肯定も否定もしない。近代化とはそういうものだと了解していたのであろう。宮田が井上の仕事で注目したのは、明治二十年代に、井上が撲滅の対象にした「妖怪」現象と同じような現象が現代社会にも見出され、現代都市民のなかでもそれなりに機能しているらしいということにあった。井上円了は宮田によって明治期の妖怪現象の貴重な事例報告者として評価されたわけであった。

4

『妖怪の民俗学』の第Ⅱ章「化け物屋敷考」では、都市のなかの特定の屋敷をめぐる怪異現象が取り上げられている。宮田の議論の展開の仕方は、つねに類似した事例を次々に繰り出して、若干のコメントをそれぞれに付すといった程度のあいまいな考察で、はっきりとした結論を出さない。したがって、その意図を摑《つか》みにくいのだが、わたしなりの要約を試みると、その趣旨は以下のような点にある。

第一に、怪異現象が起きる屋敷の事例をいくつか検討してみると、その内部に「明《あ》かずの間」とか「入らずの間」といった特別の部屋があって、その周辺で怪異が生じ、その部屋にまつわる因縁話が語られている。さらに丹念に事例を見ていくと、そのなかには、特定の部屋をさらに矮小化《わいしょうか》したような、なにやら因縁がありそうな箱のたぐいが怪異の原因とされる話もある。すなわち、都市の怪談は、特定の部屋や場所や箱その他に怪異の源泉を設定し、その場所や物を発見してゆく物語として語られる。

第二に、その場所が怪異の発生源となったのは、かつてそこで怪異が発生することになってもおかしくないような悲惨な出来事があったということが語られる。すなわち、その出来事から生じた怨念などが後々まで怪異を発生させているのだというわけである。

第三に、こうした怪異現象には、女性が、とりわけ若い女性がかかわっている。一つのタイプは「皿屋敷」伝説のお菊のように、殺して捨てられた場所（＝井戸）から怪異が起こり、幽霊が出てくるといったタイプの怪異現象であり、いまは、宮田がいうところの「池袋の女」伝説、すなわち屋敷に住み込んでいる下女（の霊力）によって、屋敷でポルターガイスト現象が発生するタイプの怪異現象である。

おそらく、宮田が都市妖怪あるいは都市の怪異空間として想起していたのは、こうした特徴を備えたフォークロアであったらしい。大都会にはたくさんの家・屋敷がある。そのなかに怪異現象が生じる「化け物屋敷」がある。その化け物屋敷にはいくつかの部屋や蔵、井戸などがあって、その一つから怪異が発生する。そしてその怪異の原因が何かを暗示する過去の物語を伴っている。

このような物語構造をとる近世の都市の怪異伝承に知悉《ちしつ》していた宮田が、現代の都市における怪異のフォークロアやホラー小説などにも関心を寄せていたのは、現代の物語もまた、表面的には現代的な装いをとっているが、その基本構造は近世のそれとあまり変わっていないという思いがあったからである。たとえば、宮田はアメリカ映画の『ポルターガイスト』や鈴木光司の小説『リング』を面白がっていた。これは、そこに近世的怪異・妖怪現象と通底するものを見出していたからである。なるほど、たしかに、たとえば『リング』などは、近世の「皿屋敷」や「池袋の女」の現代版とみることも可能である。

5

『妖怪の民俗学』第Ⅲ章の「妖怪のトポロジー」は、「境界」と「怪異現象」との関係をめぐる議論である。注意したいのは、宮田はここでは都市を強調していない。「辻《つじ》」や「橋」「水辺」などが、「あの世」と「この世」の「境界」とみなされることが多く、「怪異」もそうしたところで生じるということを、都会、村落の区別なく論じている。近世の江戸の町中での「怪異」の発生を、こうした「境界論」で整理しようと努力してはいるが、「江戸自体が巨大なツジ空間となっており、各所に不思議な霊力を発生させていたとみることができる」という結論は、都市の怪異空間としての特徴をうまく摑み出せなかったための、苦し紛れの結論という印象を免れないだろう。

もっとも、宮田はその本のなかでは十分に議論しなかったが、それとなく感じ取っていたと思われることがある。それは、第Ⅳ章の議論とも関係するのだが、江戸が大都市として発展していく過程で、広い地域に点在する周辺村落をその内部に吸収していったので、都市の古層として、そうした村落の文化が都市のなかに埋没することになった。その結果、その古層と新層との「境界」が至るところにできてきた。そこに「怪異」が発生することにもなったのであった。田畑が開拓されて宅地になったり、寺や社、墓地などの「聖地」を移転させてそこに新たに宅地が造成される。視界からはその「聖地」は消えたが、人びとの記憶にはその「聖地」は残っている。そのようなところに、「怪異」は発生するのだ。言いかえれば、「古層」がそこにあることを想起させるために「怪談」が紡ぎ出されるらしい。膨張する大都会では、共同墓地を壊してそこに住宅を作るということも生じた。その住宅に移り住んだ人びとに「怪異」が発生してもおかしくはなかったのである。そこに根拠を置いて都市の怪談が語り出されたというわけである。

6

第Ⅳ章「都市の妖怪」は最終章で、その最後の部分でこの本の結論めいたことが述べられている。前章の議論を継承しつつ、宮田登は怪異が発生しやすい「魔所」の事例を素材に、神霊が集中しやすい場所などが開発などで破壊されたとき、その場所に伴っていた霊力が、破壊した人間に対して警告を発するという形で怪異が生じ、ときには妖怪の姿をとって出現する。そのように考えるのが都市民の想像力なのだと指摘し、次のように、都市の妖怪を研究する視点・目的を述べる。「都市のなかを歩くときに、その点につねに注意していく必要がある。追いつめられていった霊力が、どういう場所に出現してくるのか、言い伝えを残している場所には、いったいどういう経緯があって、超自然的な力が発揮すると考えられていたのかというような観点で、フォークロアを探っていくと、そこには古来日本人のいだいているカミあるいは聖地、あるいはまた妖怪とか怨霊という表現が生きてくるのである。そしてそういうものを生み出してきた日本人の精神構造をとらえることも可能となってくるということになろう」。

このように述べたあと、日本の怪異現象の特徴として、次のような点を引き出している。「日本の民俗現象のそうした部分を見ていると、さまざまな妖怪が存在するにもかかわらず、基本的には女性がもっているスピリチュアル・パワーとかかわる形で、とくにそういう場所を引き出す役割をもった女性の存在が指摘できたといえるだろう。若い女性は、あの世とこの世をつなぐメッセンジャーの役割を果たしていた。メッセンジャーの役割を果たしているために、また妖怪化しやすい性行もあったのである」。

柳田國男が『妹の力』を著して以降、民俗学では、日本文化のなかでは男性に対して女性が霊的に優位な関係にあり、それは家族・親族においては「妹」（つまり姉妹の兄弟に対する霊的優位）が、また夫婦関係では「妻」が、そして宗教者のあいだでは「巫女」が霊的に優位にあることを明らかにしてきた。宮田も民俗社会における女性の霊力の問題を研究し、『ヒメの民俗学』（青土社、一九八七年）と銘打った論文集を編んでいる。ようするに、宮田は、怪異・妖怪伝承のなかにも、そして都市でのその種の伝承のなかにも、古くからの「ヒメの力」の信仰を見出し、それをとりあえずの結論としたのであった。

7

さて、長々と宮田登の『妖怪の民俗学』での議論を整理・検討してきたわけだが、これをふまえて、改めて宮田の妖怪論の研究手法を、おおまかに述べてみよう。

宮田が民俗事例に関する豊富な知識をもっている領域は、近世の江戸である。その膨大な資料のなかには、たくさんの怪異・妖怪伝承が含まれている。さらにそれと類似していると思われるフォークロアが現代にもたくさん流布している。そこで、両者を比較しながら、その民俗学的考察に挑戦したわけである。

たくさんの事例に接しているうちに、宮田はいくつかの特徴に気づいた。それは怪異が発生する場所が「化け物屋敷」と呼ばれることになる特定の屋敷内と、「辻」「橋」「水辺」などの場所であるということであった。彼は、前者に関しては、その屋敷がいわくのある場所であったこと、後者は「境界」として括《くく》れる場所だという点に注目し、双方に共通する事柄として、ともに都市の開発にともなって、従来の景観や村落構造、信的構造が変形もしくは破壊され、新しい都市のなかに埋没もしくは消滅したが、その記憶があることで怪異が発生する。宮田はそう考えたのであった。

本書に収録したエッセイで、次のように述べている。「自然の中に人間がうまく調和している限りでは、怪異という現象は生じなかった。自然を破壊しつつ地域開発が伸張するプロセスで自然と人間は対立関係に入るが、人間の営みの体系である文化の中に自然がとりこまれるようになると、逆に超自然現象がさまざまに語り出されてくる。都市文化の一部分として怪異譚《かいいたん》が位置づけられるが、これは人間が自然を破壊して都市を作ったということの原罪意識が表白されているとみることができよう」（「異界との交流」）。

そして、そのような怪異現象を引き出し語り出すのが、若い女性（ヒメの霊力）ではないかと推測するわけである。これについては、本書の第三章「都市の怪異」で、次のように述べている。「現代都市の生活空間に発生した怪異をテーマにするフォークロアを具体例をあげて考えてきた。消えた乗客、学校の怪談、そして「リング」のモチーフなどは、共通して、日本が近代化をおしすすめる二〇世紀に入ってから都市を中心に発生、展開した。しかし、その根にあたるモチーフは「池袋の女」にみるような、女性の隠れた霊力に関する民俗信仰にもとづいている。女の霊力によるメッセージは、都市の病める精神の回復を促していることになり、それを発見する妖怪研究が今後も必要になってくるのである」。

こうした仮説を手に入れた宮田は、この仮説に導かれながら、膨大な怪異・妖怪伝承の「大海」に乗り出していったわけである。

宮田のこうした仮説に対して、いろいろと批判を加えることもできるだろう。実際、これまでにもいくつか批判が出ている。その批判は検討に値するものである。だがその前に、評価しなければならないことがある。その第一は、柳田國男の『妖怪談義』以降、まともなかたちで研究がなかった妖怪研究、とくにほとんど民俗学が扱うことがなかった近世から近現代にかけての都市の怪異・妖怪伝承を、上述のような仮説にもとづいて整理し、ともかくも民俗学の俎上《そじょう》に載せたことである。その結果、それまで民俗学の対象となることなく放置されていた雑多な怪異・妖怪伝承が、再びわたしたちの前にある程度の理論的整理を加えられて姿を現してくれたのである。わたしもそれまで怪異・妖怪伝承の宝庫は農山村の村落社会であろうと思い込んでいたのであるが、宮田の研究を通じて、都市もまた怪異・妖怪伝承の宝庫であることを知ったのであった。

さらに、宮田は近世の怪異・妖怪伝承と近現代の怪異・妖怪現象とを比較し、そこに断絶よりも連続を見出そうとしていたことも、注目してよいだろう。すなわち、連続性もしくは不変性を見出すことで、日本人の精神構造を引き出そうとする民俗学的研究の一環をなすと考えていたからである。もっとも、逆の言い方をすれば、そこに断絶を見出してそれを強調することになれば、民俗学的研究としての性格を失ってしまうわけである。

8

さて、そろそろまとめに入ろう。本書に収録した怪異・妖怪関係の論考・エッセイは、どのように位置づけることができるのだろうか。一読すればわかるが、本書収録の論文・エッセイ類は、『妖怪の民俗学』で示した宮田の観点に従いつつ書かれているとみてよいだろう。

この解説の冒頭でも紹介したように、著者の宮田登は、本書を構成するにあたって、三つの柱を立てていた。その一つが、「幽霊の妖怪化」という観点であった。すなわち「柳田國男の妖怪と幽霊を分ける考え方をとらず、むしろ幽霊が日本の伝統的な霊魂観から生まれ、怨霊信仰となり、妖怪文化の中に主要な位置を占めるに至った点を指摘した」。

この視点はすでに『妖怪の民俗学』で示されていたもので、彼は産女、磯女、雪女などの女性の妖怪とそれにまつわる伝承を検討するなかで、妖怪と幽霊を区別することが有効でないことに気づいたのであった。

本書では、主として、第二章「妖怪と幽霊」に収録した論考群のなかで、そのことが改めて確認されているが、「幽霊」の「妖怪」化と述べていることからもわかるように、宮田はじつは柳田的な「幽霊」と「妖怪」の区別を容認し、人を目指し個性をもった、さまよえる霊を「幽霊」、その「幽霊」が個性を失い場所に固執するようになったときに「妖怪」となると考えていたのである。逆の言い方をすれば、妖怪としての産女が一人の妖怪としての個性を獲得していけば、「幽霊」に戻るということになるわけである。「お化け」（化け物の尊敬語が転じた語）といえば、現代では「幽霊」をイメージすることの方が多いことも考え合わせると、「お化け」「妖怪」「化け物」「幽霊」といった類似語の整理をなお試みる必要がありそうである。この他、本章では、「落語」を素材に、時代の推移とともに怖い幽霊から怖くない幽霊の登場することなども紹介されている。

いま一つの柱は、「妖怪の音声」という観点であった。「近年の妖怪ブームの中心にあるアニメや漫画などのメディアが媒介する妖怪文化の基底には自然と人間の共生のモチーフがある。これを妖怪学の観点に立って妖怪の『人間に対する呼びかけ』とみなし、妖怪からのメッセージとしてとらえた」。

宮田は、自然と人間が調和のとれた共生関係を維持していれば、怪異・妖怪現象は生じないという。したがって、怪異・妖怪現象の発生はその関係が壊れたことによって発生したと考える。しかも、その関係の破棄は人間の側からなされたとみなす。したがって、怪異・妖怪現象の発生は、関係の破棄が一方的に人間の側からなされたことの、自然の側からの「警告」として理解できるとする。したがって怪異・妖怪現象に伴って発生する怪音や妖怪の声もまた「妖怪からのメッセージ＝警告」として把握できるとする。そのメッセージを解読するのが、若い女性（ヒメの霊力）である。『妖怪の民俗学』での議論をそれほど越えた議論は見られないが、メッセージを受信する人びとが、若い女性から現代では子どもたちに移っているのではないかと考えていた気配が、論考の随所に示されている。

さらにいま一つの柱は、「都市の怪異」であった。「近現代の妖怪のフォークロアは、人里離れた闇空間のイメージよりも大都会がしばしば選ばれている。そこには都市民の不安を介在して複雑な人間関係が生みだすフォークロアとしての怪異現象がある。

そこで妖怪を都市社会の現代世相の一環としてとらえて、広く日本文化論の次元で分析視点を提示している」。

これに対応するのは、主として近世の江戸の怪異・妖怪現象を扱った第三章の「都市と妖怪」と第四章の「近現代社会の妖怪」である。第三章では、江戸の怪異・妖怪現象を「境界」「女性」「魔所」「開発」などのキーワードで編み上げたもので、基本的には『妖怪の民俗学』の議論と変わりがないといえる。特定の場所で自殺が多いのも、そこが境界であり、そこには江戸時代からの伝統的なフォークロアが人びとにはそれと意識されずに継承されているのではないかといった興味深い考察も、都市民俗学の一例として提示されている。しばしば批判されるように、はたしてこうした宮田流の「境界論」で、都市の怪異・妖怪現象を分析することがほんとうに生産的かどうかは今後大いに検討しなければならない。だが、傾聴に値する説であることはたしかである。

第四章は、タイトルが示す通り、近現代の怪異・妖怪現象をめぐるフォークロアや小説のたぐいが紹介・考察されている。江戸時代では都市のなかの屋敷が問題化されていた。ところが、近現代の新しい「化け物屋敷」の一つは「学校」であって、学校のなかでも「トイレ」が不思議な場所とみなされている。もっとも、こうした素材に対する宮田の考察の視点は、近世の怪異・妖怪現象への視点とほとんど変わっていない。宮田が興味をいだいて取り出してくる近現代の怪異・妖怪伝承は、近代以前を引きずっていると思われる、いいかえれば民俗文化の核が横たわっていると思われる素材であった。

民俗学は近現代をそのまま扱う学問ではない。民俗学は近現代に対する独自の見解を示すために、「近現代」以前の「民俗」文化を参照点として求めた。その戦略は正しかったと思う。しかし、近現代社会と比較するとき、その「連続・類似」を指摘する一方では、その「差異・断絶」にも目を配る必要がある。宮田の怪異・妖怪伝承の弱みは、近現代を特徴づけるような「新しい要素」が登場してきている点に対する考察があまりにも貧弱だったことである。

「学校」「病院」「オフィスビル」「高層集合団地」等々は、近現代に新たに登場したものである。そこが「怪異・妖怪現象」の温床となっているのは、そこが近世からの「境界」の上に建っているからではない。そこが新しい「境界」とみなされるようになったからである。いや建物ばかりでなく、「学校のトイレ」や「エレベーター」「テレビ」「パソコン」が怪異・妖怪現象の発生の場となっている。それがどういう意味で「境界」であり、なぜそこに怪異が発生する（というフォークロアが語られる）のかを解き明かすには、「近現代」以前の都市の延長として考えるだけではなく、近現代に固有のものとして考える視点が求められているのである。そこが、近世の都市の庶民の地点から問題を組み立てようとする宮田の妖怪論の限界であった。

もちろん、妖怪を民俗学的に研究する者は少なく、上述のような宮田の限界を乗り越えた研究があるわけでもない。宮田は自分の限界を知っていた。だからこそ、宮田は、『現代の世相』(全六巻、小学館)の編纂《へんさん》に積極的にかかわったことにも示されるように、若い民俗学者にはもっと現代の世相と向かい合い、民俗学の立場からその現象の考察を進めて欲しい、と考えていたのであった。

本格的な近現代の妖怪論は、これからの課題として残されている。宮田登は自分自身の妖怪論の限界を知りながらも、それに挑戦しようとしていた。そのことを思うと、本書は、彼の妖怪論を乗り越える新しい研究を期待する宮田の「あの世」からのメッセージということになるだろう。

文庫版解説

小松和彦

本書は二〇〇〇年に六十三歳という若さで亡くなった宮田登さんの遺作としてその翌年に刊行された原著『都市空間の怪異』に、この度の文庫化にあたって、亡くなる前年に出版された講演記録『都市とフォークロア』を加えて新版として刊行したものである。

原著刊行の経緯や収録論考の意義については、原著に付した解説に詳しく述べたので繰り返さないが、いずれの書名からもわかるように、数々の著書をものにしてきた宮田さんが最晩年になって最も関心を注いでいたテーマの一つが都市のフォークロアであり、そのなかでも怪異・妖怪に関する事柄であった。

最近は怪異・妖怪への関心が高まり質の高い関連書籍が次々に刊行されているが、本書は四半世紀も前の本とは思えない示唆に富んだ豊かな内容に満たされている。ようするに、新しい観点からの怪異・妖怪研究の先駆的な一冊となっているといえる。

宮田さんの民俗学の新鮮さ・独自さを拾い出してみよう。

第一に指摘したいのは、「都市」の把握である。当時の常識では都市民俗学は農山村民俗学に対峙するものであった。農山村にはない、盛り場、団地、神なき祭りの創出といった対象が都市民俗学の好ましいターゲットとされていた。しかし、宮田さんは「高度情報社会となった現代社会には、都市はもはや限られた空間に限定されなくなっている」、すなわち、農村であれ山村であれ、都市的な生活環境が整った地域では都市のフォークロアが生成・浸透・伝播《でんぱ》すると考えていたのである。当時はインターネットの普及は十分でなかったが、現代のインターネット時代の到来を予感したかのような見解である。

もう一つの特徴は、民俗学という枠にこだわらず、近世史を始めとして人類学や社会学、国文学など、研究に役立つと思われる知識を貪欲に吸収し、新しい観点からの民俗の解釈を試みたところにある。本書も含め宮田さんの著書では、次から次に魅力的な事例が繰り出されている。近世の随筆からの引用もあれば、新聞記事、週刊誌などからの引用もあり、いったいどんな基準で事例を選んでいるのか疑問も抱くが、そんな疑問を気にせずに自分の考える世界を構築していくのである。最近の民俗学は細分化し、宮田さんのような高見から研究を一望しつつ議論を進める研究者が少なくなっている。本書を読めば宮田さんの民俗学の魅力がその博覧強記にあったことを改めて痛感するだろう。

宮田さんの民俗学の特徴は、前述の高見からの視点とそれを支える幅広い知識にあったが、さらにその営みには民俗学の根本的な課題が脈流していた。それは日本文化の「根っこ」を探り当てることである。その「根っこ」の構成要素はいろいろあるが、宮田さんが若い頃からこだわり続けたのは日本人の霊魂観であった。さらに研究は進んでそうした霊魂観をふまえつつ、社会に滞留する不安を「ケガレ」と見なしそれをいかにして祓《はら》うかということにも考察を深めていった。個々人の「ケガレ」は、例えば、「旅」や「マラソンなどのスポーツ」「大規模コンサートなどの歌舞への参加」といった「祓い」があった。しかし、現代の変転してやまない世相を「ハレ」「ケガレ」「ケ」といった民俗学の概念で捉え直したところで、それによって「ケガレ」を祓うことができるわけではない。

現代社会には従来の民俗学の概念では捉えきれない、新しい深刻な「不安」が次々に生まれてきていたのである。

周知のように、宮田さんのデビュー作は『ミロク信仰の研究』、すなわち民間に流布していた世界の終末のあとに出現する「弥勒世《みろくよ》＝ユートピア」の研究である。その後も、世界の終末、世直し、弥勒浄土といったテーマを追究し続けた背景には、宮田さんの意識のなかの、個々人の「ケガレ」ではなく、社会に滞留し続ける漠然とした将来への「不安」＝「ケガレ」の問題があった。そして、そうした集合的な「不安」の表象として、怪異・妖怪を発見し、その考察へと向かったのである。

宮田さんの妖怪研究は『妖怪の民俗学』（岩波書店、ちくま学芸文庫）と本書のわずか二冊であって、十分に成熟したものではなかった。しかし、それでも、宮田さんは切実な思いで、妖怪を見つめ、妖怪の声に耳をそばだてていた。そこに未来の「託宣」あるいは「兆し」を読み取ろうとしていたかにみえる。

宮田さんは、本書第一章の末尾を次のような示唆的な言葉で結んでいる。

明治三十年以後、百鬼夜行は姿をみせなくなった。暗闇がしだいになくなった生活環境だからといえば当然であるが、しかし近年不思議な現象が語られるようになった。例の「学校の怪談」である。放課後、子供が見かける妖怪が学校中心になっているのは、百鬼夜行の伝統がこちらに移ったのだろうか。妖《あや》しのものが姿を現すことを子供世代がいち早く感知しているのだろうか。「移風の兆《きざ》し」が起こる時に童謡が流行するという社会変動の時期にさしかかったのかもしれない。四半世紀も昔の文章である。現代では百鬼夜行は学校から抜け出して世間を闊歩《かっぽ》している。社会に滞留する「不安」も途方もなく大きくなっている。宮田さんの「予感」は「予言」になったともいえるだろう。妖怪の跋扈《ばっこ》が「移風の兆し」であるとすれば、この先にどんな風が吹くというのだろうか。

宮田さんの本には、たくさんの示唆に富んだ見解や思索の様子が刻み込まれている。今後も宮田さんの主要な本は民俗学の必読書・古典として再評価、再々評価され続けることになるだろう。本書もその一冊なのである。

（国際日本文化研究センター名誉教授）

本書は二〇〇一年十一月、角川書店から刊行された『都市空間の怪異』を文庫化したものです。

選書版初出一覧

妖怪の音声（『口頭伝承の比較研究4』一九六三年、弘文堂）
妖怪からのメッセージ（『現代』一九九三年五月号、講談社）
幽霊と妖怪（「もののけ―描かれた妖怪たち―」一九九七年、富岡市立美術博物館・福沢一郎記念美術館）
都市の怪異（『妖怪展―現代に蘇る百鬼夜行』一九九三年、川崎市市民ミュージアム）
東京の魔所（『異界が覗く市街図』一九八八年、青弓社）
異界との交流（『國文學』一九九二年八月号、學燈社）
鏡花と妖怪文化（『國文學』一九八五年六月号、學燈社）
若者の霊魂観（『日本民俗学』二一六号、一九九九年十一月、日本民俗学会）
都市空間の妖怪（『伝統と現代』三号、一九六八年、學燈社）
（毎日新聞夕刊、一九九七年八月八日）

文庫化にあたり、次の論考を加えました。
都市とフォークロア（『神奈川大学評論ブックレット2　都市とフォークロア』一九九九年、御茶の水書房）

新版《しんぱん》

都市空間《としくうかん》の怪異《かいい》

宮田《みやた》 登《のぼる》

令和6年 1月25日　初版発行

発行者●山下直久

発行●株式会社KADOKAWA
〒102-8177　東京都千代田区富士見2-13-3
電話　0570-002-301（ナビダイヤル）

角川文庫 24008

印刷所●株式会社暁印刷
製本所●本間製本株式会社

表紙画●和田三造

●お問い合わせ
https://www.kadokawa.co.jp/（「お問い合わせ」へお進みください）
※内容によっては、お答えできない場合があります。
※サポートは日本国内のみとさせていただきます。
※Japanese text only

ISBN 978-4-04-400805-5　C0139

◇◇◇

角川文庫発刊に際して

角川源義

第二次世界大戦の敗北は、軍事力の敗北であった以上に、私たちの若い文化力の敗退であった。私たちの文化が戦争に対して如何に無力であり、単なるあだ花に過ぎなかったかを、私たちは身を以て体験し痛感した。西洋近代文化の摂取にとって、明治以後八十年の歳月は決して短かすぎたとは言えない。にもかかわらず、近代文化の伝統を確立し、自由な批判と柔軟な良識に富む文化層として自らを形成することに私たちは失敗して来た。そしてこれは、各層への文化の普及滲透を任務とする出版人の責任でもあった。

一九四五年以来、私たちは再び振出しに戻り、第一歩から踏み出すことを余儀なくされた。これは大きな不幸ではあるが、反面、これまでの混沌・未熟・歪曲の中にあった我が国の文化に秩序と確たる基礎を齎らすためには絶好の機会でもある。角川書店は、このような祖国の文化的危機にあたり、微力をも顧みず再建の礎石たるべき抱負と決意とをもって出発したが、ここに創立以来の念願を果すべく角川文庫を発刊する。これまで刊行されたあらゆる全集叢書文庫類の長所と短所とを検討し、古今東西の不朽の典籍を、良心的編集のもとに、廉価に、そして書架にふさわしい美本として、多くのひとびとに提供しようとする。しかし私たちは徒らに百科全書的な知識のジレッタントを作ることを目的とせず、あくまで祖国の文化に秩序と再建への道を示し、この文庫を角川書店の栄ある事業として、今後永久に継続発展せしめ、学芸と教養との殿堂として大成せんことを期したい。多くの読書子の愛情ある忠言と支持とによって、この希望と抱負とを完遂せしめられんことを願う。

一九四九年五月三日

角川ソフィア文庫ベストセラー

妖怪文化入門

小松和彦

河童・鬼・天狗・山姥――。妖怪はなぜ絵巻や物語に描かれ、どのように再生産され続けたのか。豊かな妖怪文化を築いてきた日本人の想像力と精神性を明らかにする、妖怪・怪異研究の第一人者初めての入門書。

異界と日本人

小松和彦

古来、日本人は未知のものに対する恐れを異界の物語に託してきた。酒呑童子伝説、浦嶋伝説、七夕伝説、義経の「虎の巻」など、さまざまな異界の物語を絵巻から読み解き、日本人の隠された精神生活に迫る。

鬼と日本人

小松和彦

民間伝承や宗教、芸術などの角度から鬼をながめると、多彩で魅力的な姿が見えてくる。「鬼」はどのように私たちの世界に住み続けているのか。説話・伝承・芸能・絵画などから、日本人の心性を読み解く。

新訂 妖怪談義

柳田国男
校注／小松和彦

柳田国男が、日本の各地を渡り歩き見聞した怪異伝承を集め、編纂した妖怪入門書。現代の妖怪研究の第一人者が最新の研究成果を活かし、引用文の原典に当たり、詳細な注と解説を入れた決定版。

新版 遠野物語
付・遠野物語拾遺

柳田国男

雪女や河童の話、正月行事や狼たちの生態――。遠野郷（岩手県）には、怪異や伝説、古くからの習俗が、なぜかたくさん眠っていた。日本の原風景を描く日本民俗学の金字塔。年譜・索引・地図付き。